KÁLĪVILÁSA TANTRA

other recent books on similar topic

ENCYCLOPAEDIA OF TANTRA. in 5 Volumes
Edited by Sadhu Santideva *Bestseller*

ENCYCLOPAEDIA OF BUDDHIST TANTRA. in 5 Volumes
Edited by Sadhu Santideva

ENCYCLOPAEDIA OF INDIAN MYSTICISM. in 12 Volumes
Edited by Sadhu Santideva *Bestseller*

RITUALS AND PRACTICES OF TANTRA. in 3 Volumes
Gaurinath Sastri

THERAPEUTIC TANTRA.
The Power of Physical, Psychological, and Spiritual Healing
Edited by Gaurinath Sastri

INTRODUCTION TO TANTRA. in 2 Volumes
Gaurinath Sastri

Also Available . . .

THE HINDUS.
Encyclopaedia of Hinduism in 5 Volumes
Edited by Subodh Kapoor *Bestseller*

THE BUDDHISTS.
Encyclopaedia of Buddhism in 5 Volumes
Edited by Subodh Kapoor

ENCYCLOPAEDIA OF INDIAN HERITAGE. in 90 Volumes
A Descriptive Work of Indological Research in Philosophy, Religion, Sacred Literature, Society, Thought, Traditions, and Ancient Sciences.
Edited by Subodh Kapoor

HINDU MYSTICISM.
Studies in Vaisnavism and Tantricism in 2 Volumes
By Mahendra Natha Sarkar

Mysticism in Bhagavat Gita.
By Mahendranatha Sircar

TANTRIK TEXTS

KÁLĪVILÁSA TANTRA

EDITED BY
PARVATI CHARNA TARKATIRTHA

EDITED BY
ARTHUR AVALON

Cosmo Publications
2004 New Delhi

KÁLĪVILÁSA TANTRA

This COSMO Print 2004

ISBN 81-7755-730-0

Published by
MRS. RANI KAPOOR
for COSMO PUBLICATIONS Div. of
GENESIS PUBLISHING PVT. LTD.
24-B, Ansari Road,
Darya Ganj,
New Delhi-110 002, INDIA

Printed in India

TANTRIK TEXTS

EDITED BY
ARTHUR AVALON

Vol. I. Tantrābhidkana with Vījanighantu and Mudrānighantu. A Tāntrik Dictionary. Introduction in English by Arthur Avalon

Vol. II. Shatchakranirūpana. A work on Kundalinīyoga with two Commentaries. *Padukāpanchaka*—with Commentary. Tika of Vishvanātha on the Second Patala of Kaivalya-kālikā Tantra. Introduction in English by Arthur Avalon. 2nd Ed., revised

Vol. III. Kulachūdāmani Nigama. Introduction in English by Akshaya Kumar Maitra

Vol. IV. Kulārnava Tantra. Introduction in English by Arthur Avalon. The most authoritative work on Kula Dharama. Edited by Tārānātha Vidyāratna.

Vol. V. Kālīvilāsa Tantra. English Introduction by Arthur Avalon. Edited by Mahāmahopādhyāya Pārvatī Charana Tarkatīrtha.

Vol. VI. Tantrarāja (Kādimata). Part I. Commentary by Subhagānandanātha. Summary in English by Arthur Avalon. Edited by Mahāmahopādhyāya Lakshmana Shāstri. This along with vol. VIII gives a detailed account of Kādimata, one of three schools into which Shāktas of the Shrikula are divided.

Vol. VII. Karpūrādi-stotra. Text, with Introduction and Commentary by Vimalānanda-Svāmī. Translated by and with notes of Arthur Avalon. The famous hymn to Kālī by Mahākāla. Text, with Introduction and Commentary containing the esoteric interpretation of the hymn.

Vol. VIII. Tantrarāja. Part II. With Commentary by Subhagā-nandanātha. Summary in English by Arthur Avalon. Edited by Mahāmahopādhyāya Sadāshiva Mishra. This part gives the philosophy of Tantrik rituals. It also contains a description of the four stages of uttered sound. The student of astronomy will find much of interest in Ch. 25.

Vol. IX. Mahānirvana Tantra, with the Commentary of Hariharānanda Bhāratī. Printed from MSS. of Raja Ram Mohun Roy

Vol. X. Sāradātilakatantram : with the Commentary named *Padārthādartha.* Part I. By Lakshmanadeshikendra. Commentary by Rāghavabhatta named. *Padārthadarsha*—with a Summary (72

pages) in English. This is similar in character to the Prapanchasāra. The text and the commentary which is very lucid and exhaustive will be of help for a proper understanding of also the Prapanchasāra the language of wich is at times rather involved. An alphabetical index of the verses in appended to the book.

Vol. XI. Sāradātilakatantram : with the Commentary named *Padārthādartha*. Part II. By Lakshmanadeshikendra. Commentary by Rāghavabhatta named. *Padārthadarsha*—with a Summary (72 pages) in English. This is similar in character to the Prapanchasāra. The text and the commentary which is very lucid and exhaustive will be of help for a proper understanding of also the Prapanchasāra the language of wich is at times rather involved. An alphabetical index of the verses in appended to the book.

"Apart from the importance of the text ... notes of the commetator for the ritualist, the student of the psychology of religion will find therin much of importance to him." — THE HINDU.

"The printing, get up and edition of the book are excellent".

—THE PATRIKA

"It is a monumental work in a masterly way."

—AMRITA BAZAR

"It is Sir John Woodrofle (under the pseudonym of Arthur Avalon) who by a series of essays and the publication of the most important Tantra texts has enabled us to form a just judgment and an objective historical idea of this religion and its literature". Dr. Winternitz : *History of Indian Literature.*

Vol. XII. Prapanchasāra Tantra. Part I. Introduction in English containing a summary by Arthur Avalon. A Tantrik Compendium by Shamkarāchārya. 2nd Ed. with the Commentary of Padampāda and a gloss thereon. The book contains the general rules applicable to all the different forms of Tantrik Sādhana and worship as also a summary of each of the different systems.

Vol. XIII. Prapanchasāra Tantra. Part II. Introduction in English containing a summary by Arthur Avalon. A Tantrik Compendium by Shamkarāchārya. 2nd Ed. with the Commentary of Padampāda and a gloss thereon. The book contains the general rules applicable to all the different forms of Tantrik Sādhana and worship as also a summary of each of the different systems.

INTRODUCTION.

The importance of this previously unpublished Tantra consists in the fact that it belongs to what some call the "prohibited" class: that is, those, who do not accept its present authority, allege it to belong to, and to have been operative in, another and not in the present Kalpa. Those, who do not accept this point of view, might probably say that this assignment of Tantra to a previous Kalpa is a device whereby respect is shown to a particular Shâstra without acceptance of its controlling authority. In other words that where a Tantra of the present Kalpa and a Tantra of another Kalpa are at variance, such variance represents different schools of practice in the present Kalpa. In either view the Tantra is of interest particularly as it deals with the vexed subject of the existence or non-existence of Pashubhâva in the Kaliyuga and the ritual use of wine and so forth which it condemns.

The Mahâsiddhasârasvata Tantra says "Kâlîvilâsa and such other Tantras are operative in Ashvakrânta in the Kâlakalpa." The present Kalpa is known as the Svetavarâha Kalpa. According to the former Tantra it has therefore no validity for the present Kalpa. Why then, it may be asked, has Mahâdeva promulgated in the present Kalpa a Tantra suited to another? The reply which is given in the Mahâvishvasâra Tantra is that "All such Tantras belonging to other Kalpas as have been related are intended for the confusion of unbelievers (Pâ*shand*as) and are in fact ineffectual in the present Kalpa."

Mahâdeva in the Kulâr*n*ava says "Lest by knowing Kuladharma, the effect of which is visible, all men should get liberated[1], I have in some places even spoken ill of Kulâchâra": that is dicta applicable to other Var*sh*as, Dvîpas and Kalpas are extant for delusion only. Let us then see what the differences are which may be said to indicate two schools of Tântrik practice one favouring and the other condemning the ritual use of wine and so forth (Panchatattva).

It is common ground that the Panchatattva in their primary (Mukhya) form are not for those who belong to Pashubhâva.

1. The Devatâs are interested in the maintenance of creation. And so Pâtanjali says that Ahangkâra and Devatâ are inimical to the Yogî.

According to some there is no Divya or Vîra Bhâva in this Kali age in which there is Pashubhâva only. The Mahânirvâ*n*a and Rudrayâmala (26th Pa*t*ala) are sometimes relied on for this[1]. The Prâ*n*ato*sh*i*n*i cites a passage purporting to come from the Mahânirvâ*n*a :

Divya-vîra-mayo bhâva*h* kalau nâsti kadâchana

Kevalâng pashu-bhâvena mantrâ siddhir bhavenn*ri*n*â*m

"In the Kali Age there is no Divya or Vîrabhâva. It is only by the Pashubhâva that men can attain Mantra Siddhi.

But the translation of the text of the former Tantra which has been published by me says (Ch. I. v. 54) that Pashubhâva and Divyabhâva are forbidden (Pashu-bhâva divyabhâvau svayam eva nivâritau) and in the Rudrayâmala the statement is said not to be traced ; the 53rd Pa*t*ala of which however says that "if Pashus deluded by Shâstra (Shâstramohitâ*h*)[2] desire liberation they should adopt Vîrabhâva and practise Yoga." The Jnâna Tantra quoted in the B*ri*hat-tantrasâra however does say that in the Kaliyuga there is no Bhâva superior to that of Pashubhâva ; that the drinking of wine is for the Satyayuga ; and worship with Panchatattva is not for the Kaliyuga.

(Pashubhâva-paro bhâvo nâsti nâsti kalermata*h*). Similarly the present Tantra (Kâlîvilâsa) in Chapter VI says that Divya bhâva is for the Satya and Tretâ Yugas; Vîrabhâva for the Tretâ and Dvâparayugas ; and Pashubhâva for the Kaliyuga. In the last therefore there is to be no drinking of wine. V. 24 says that Divya and Vîra Bhâva prescribe Panchtattva with flesh, fish, Mudrâ and Parastrî and V. 25 says that wine should not be taken in Kaliyuga. The object then of this Tantra is to establish for the Kaliyuga Pashubhâva and its rules which prohibit wine-drinking. It states the Arjuna, Bhîma, Yudhi*shth*ira, Rukmi*n*î, Draupadî, Dro*n*a attained Siddhi by Pashubhâva. On the other hand there are those who deny that there is any Pashubhâva in the Kali age. Thus the Kulâr*n*ava says that in this Yuga Devatâs of all Âchâras should be worshipped in Vîrabhâva ; whether Shiva, Shâkta, Vai*sh*n*ava, Saura or Gâ*n*apatya or followers of the Baudha, Pâshupata or Sângkhya Darshanas. .

1. See the Rahasyapûjâpaddhati ; a work based on the teaching of Pandit Jaganmohana Tarkalankâra. Edited by his son J*n*ânendranâtha Tantraratna where the subject now dealt with is treated of.

2. That is only those deluded by Shâstra take to the Pashubhâva.

Similarly it is disputed whether a Brâhma*n*a should take wine. The Kâlîkulâr*n*ava with scientific precision describes wine as a *mala* of material substance. Alcohol is in fact the product of a disruptive disintegrating process and is for this reason said by those who are against its use to be productive of harm. Kâlîkulâr*n*ava says "A Brâma*n*a, K*sh*atriya or Vaishya should not drink wine." The Vârâhî Tantra says that a Brâhma*n*a should not follow the Panchatattva ritual. These and the like passages are sought to be explained by the statement that these and the like prohibitory dicta apply to the case of Anabhi*sh*ikta Brâhma*n*as. Thus when Niruttara Tantra says "Brâhma*n*a will drink wine but not the twice-born"; by Brâhma*n*a it is said, is meant not the ordinary Brâhma*n*a (twice-born) but the Abhi*sh*ikta Brâhma*n*a. The Brâhma*n*a who drinks wine without Abhi*sh*eka is, it says, a great sinner. The passage in Shrîkrama namely vâmakâmo brâhma*n*o hi madyam mâ*n*gsam na bhak*sh*ayet' is interpreted as meaning that the Vâmî Brâhma*n*a should not take wine or flesh for sense-gratification only which is the teaching of the Kaula Tantra or that the Anabhi*sh*ikta should not do so which is also common doctrine.

Again when Mahâdeva in the Utpatti Tantra says "In the Kaliyuga in every house men will lose their strength by drinking wine" this is said to refer to persons devoid of Âchâra and to mere useless drinking (V*ri*thâpâna). The Mahi*sh*amardinî Tantra says "A Vîra is a Siddhamantrin, Drinking of wine does not make a Vîra" (Siddhamantrî bhaved vîro na vîro madyapânata*h*). This is admitted. But it is denied that wine is thereby excluded, for the passage goes on to say a Vîra is one who is Abhi*sh*ikta. When the Nigamatantrasâra says "In Gaura and other countries Siddhi can be obtained through Pashubhâva," the statement is said not to be applicable to the Kaliyuga. How, it is asked, can the man lead the life of a Shâstric Pashu in this age. Thus a good Pashu should not live under the rule of a Mlechchha. Therefore it is said that Pashus cannot now get Siddhi in their Bhâva and should follow that of the Vîra. Therefore Târârahasya says "There is no Pashu in Kali (Na pashushcha kalau kvachit). Again a passage has been cited from the Mu*nd*amâlâ Tantra to prove that the Panchatattvas are not proper for house-holders: as also the Vâmakeshvara Tantra which recommending Bhâng is said to prohibit Sâdhanâ with wine and Maithuna with woman in the Kali Yuga. This is denied; the reference to Bhâng being taken to indicate the necessity of its use before the Panchatattva. As regards house-holders it is sufficient that they are Abhi*sh*ikta in which case they belong to Vîrabhâva.

Again the question is raised whether the worship with substitutes is effectual such as cocoanut water.

Tantrasâra says that where it is necessary to offer wine a Brâhma*n*a should offer molasses or honey in a copper vessel. Yoginî Tantra says ginger with molasses. Ordinarily the Divya Sâdhaka follows the inner (Âbhyantarî*n*a) Panchatattva by Dhyâna ; the Vîra the primary (Mukhya) Panchatattva in their literal sense ; and the substitutes are for Pashubhâva. But Kâlikâ Tantra denies the use of substitutes in this age saying that milk, butter and honey were in use in the three first ages : but in the present age men should worship with wine. This would follow from the view that there is no Pashubhâva. This however is the point in issue and the opponents would deny that the Kali age is productive of the true Vîra.

The author of the Rahasyapûjâpaddhati says of the doctrine in the Jnâna Tantra that he "will drive it out of Bhâratavar*sh*a send it to a different Dvîpa and finally place it in a different Kalpa." Mahi*sh*amardinî Tantra, he says, in the first place states "in Kaliyuga in Bhâratavar*sh*a worship with Panchatattva is the best." This, it is said, shows that the doctrine in Jnâna Tantra and the prohibitory dicta in Târâpradîpa and Meru Tantra do not apply to Bhâratavar*sh*a or the Kaliyuga. Kamâkhyâ Tantra next says "In this Jambudvîpa in the Kali age a Brâhma*n*a will never be a Pashu." He then pursues his argument at some length and with much vigour.

I need not follow him as I intend here very shortly to indicate contending views on the question of the Panchatattva rites. I refer of course only to the Vâmâchâra followers of the Shâkta Tantras. Adherents of other Schools will have none of them. Thus Lak*sh*mîdhara Commentor of the Ânandalaharî and follower of the Samayâchâra School which recognises only the so-called Shubhâgamas says that the mind is soiled by even the remembrance of such men : and that the Panchatattva rites in their literal form are followed only by Shûdras of an inferior kind. It is sufficient to state these various views in order that the importance of the Tantra here published may be understood. For it is not otherwise of interest or value. It represents in short the adherents of the Pashubhâva and its Âchâra at least in the view of those who rely on its present authority. Its prohibition however against the use of wine, meat and so forth is to be generally recommended ; since abstention spells absence of abuse and acquirement of merit whether the Tantra be of "another Kalpa" or not. The "delusion" which it is likely to produce in this respect need not be harmful. Indeed it might with advantage and consistency have gone in several matters further seeing that it purports to recommend the Pashubhâva.

The following is a short summary of this Tantra.

In the first Pa*t*ala the Devî asks what Tantra is suited to all Jambudvîpa in this age ; or according to one Ms " in the Kali age." The Devî's question is answered by Sadyojâta one of the five aspects of Shiva, Who commences by saying that the Tantra is so called because it saves from the Sangsâra. Shûdras are then forbidden to use the Pra*n*ava or Svâhâ. They may use Nama*h* or Hrîng and the like. Shûdras are declared disqualified from performing Homa, worshipping the Shâligrâma Shilâ and intercourse with a Brâhmanî. The reason which Shiva gives is that otherwise all castes will become twice born. The second Pa*t*ala in which the speaker is Shiva in Aghora aspect gives a description of the Mantras which Shûdras may use. Shûdras in doing Japa should substitute Kûrcha and Mâyâ Vîjas for Sváhâ (V. 20). V. 24 however says that in the Satyayuga a Mantra with Pra*n*ava and Svâhâ was appropriate for a Shûdra. In the third chapter the speaker is the Tatpuru*sh*a Shiva. He says that a Shûdra worshipping the Vidyâ approved in the Kâlîvilṣsa Tantra attains the state of a Vaishya. He is not however Adhikârî for the Pra*n*ava. He may use the fourteenth vowel (au) in place of the Pra*n*ava. The Shûdra who accidentally hear a Mantra from the mouth of his Guru which contains Svâhâ and Pra*n*ava is reborn a pig though the Guru himself incurs no sin. The speaker in the latter part of this chapter is Shrîdeva Who gives His direction as to what should be done in the event of the Guru dying after communication of the the Mantra but before completing his instructions. The fourth Chapter in which the speaker is Îshâna Shiva says that the four castes including Shûdras and those below them should follow Pashvâchâra in the Kaliyuga. Divyabhâva and Vîrabhâva are not for the Kaliyuga nor is Pura*sh*châra*n*a for man is a slave to hunger, and sleep and for this rite fasting and long devotions are necessary. Meat and wine should not be taken.

A man should mentally recite his Mantra whether he be (bodily) pure or not, whether walking or at rest wherever he may be. The Mantra for worshipping Shiva is in the case of the twice-born "Om Shivâya namaḥ" and for the Shûdra

"Shivâya nama*h*." The Shiva Mantra should first be learnt from the Guru. Then on learning from him the Shakti Mantra man becomes Shiva-Shakti-maya. Without the grace of the Guru nothing can a attained. Without worshipping him no other worship should be doneâ, for he is Brahm, Vi*shn*u and all other Devatâs. The abovementioned statement as to the Bhâvas is repeated in the next Chapter in which Shiva as Umesha affirms that Siddhi is to be attained by Pashubhâva. In this Chapter a hundred names of Kâlî are given. The Stotra of a 1000 names is not for the Kaliyuga. By recitation a 100000 times of the hundred names of Kâlî man attains Siddhi by Pashubhâva. The Devî next asks about the Trailokyamohana Kavacha of 22 letters. Sadyojâta replies and gives the Kavacha. It should not he says be given to the disciple of another, to one who is fallen, to a calumniator, to one who is not a devotee (Bhakta) of Hari nor to one who is a devotee of Shiva. If Kâlî is worshipped without this Kavacha then the fruit of Pûjâ and Tapas is stolen by Bhairava.

Chapter VI after mentioning the time for initiation says that Divyabhâva is for the Satya aud Tretâ Yugas, Vîrabhâva for Tretâ and Dvâpâra Yugas. The Panchatattva are. for both the above Bhâvas. But Pashubhâva is the only Bhâva for the Kali Yuga. Chapter VI also says (V. 12) "as is Divya so is Vîra there is no distinction between the two;" and in these Bhâvas no Do*sh*a is incurred by taking the Panchatattva. The Chapter ends with a verse which says the saying (Vachana) "Having drunk and drunk again, having fallen to the ground rising and drinking again man is liberated" is appropriate to the Satya age alone; or according to a passage quoted in the Rahasyapûyâpaddhatî from Satya to the middle of Treta which possibly refers to a similar Verse in Chapter X post. If by this statement this Tantra understands the quoted line to refer to the drinking of material wine then inferiority is displayed. The full verse which is given in the Kulârnava with the context in which it appears, as also common sense shows, that the passage refers to yoga "drinking." Possibly this Tantra may refer to this particular yoga. The meaning is not clear.

Chapter VII says that in the Kaliyuga Pûjâ should be done in the ordinary way and not on a Yantra. The Î*sht*amantra should be practised in Vai*shn*ava Âchâra. This Chapter states that Sambida may be consumed in the Kali age. This is of four kinds according as its flowers are white, red, yellow and black. The first is for Brâhma*n*as. The second for K*sh*attriyas and so on. Even this should be taken sparingly. Worship on Shivalinga is prescribed for Shûdra. This Chapter says that the divulging of secret worship destroys Siddhi. What was the necessity of referring to the subject seeing that Pashubhâva is enjoined is not clear. The Chapter quotes the well known saying "Inwardly Shâkta etc.

Chapters VIII and IX deal with Prâ*n*âyâma and Sangketa (that is Devatâ) respectively. There is no Homa in the Kali age. Shivapûjâ grant fruit. Shiva, Durgâ and K*rishn*a are all one and the same.

Chapter X gives a hundred names of Bhubaneshvarî which should be repeated placing one's Shaktî if initiated on the left The Sâdhaka has his mouth full of Pân. It repeats the prohibition that wine should not be drunk in the Kaliyuga. This Chapter and the next refer to Maithuna. Wine and Maithuna with Parastrî are not to be taken and done. For Siddhi is prevented thereby. Chapters X and XI however seem to allow of connection with an initiated Parastrî subject to the condition that there is no Vindupâta. The prohibition against drinking in the Kaliyuga is repeated. Chapter XI also gives a hundred names of Mahâtripurâsundarî and the next two Chapters the hundred names of Târâ and Bhairavî respectively. Chapter XIV which is very short treats of the mode of worship in the Kaliyuga. Meditation should be done on Kulakun*d*alinî. Pa*t*ala XV deals with Vashikara*na* and it is curious to note therein a Mantra in a language which is a mixture of Assamese and Eastern Bengali as spoken about Chittagong. Chapters XVI and XVII give a hundred names of Bagalâ and Mâtanggî respectively. Chapters XVIII —XXII treat of the Dhyâna, Pûjâ and so forth of Kârtikeya, Jayâ, Vijayâ, Ga*n*esha, Mahi*sh*âsura, Lak*sh*mî, Sarasvatî and Durgâ. Chapter XIX deals with the worship of the Buffalo: Chapter XX with that of Sarasvatî and Durgâ. Chapter XXI speaks of the Kalikâ Purâ*n*a as describing the worship of Mahi*sh*amardinî and then treats of the Mantra of Mahi*sh*amardinî; Her weapons and the like, how they are held and what they signify. VV. 26-29 give a Dhyâna of Mahi*sh*amardinî. Her vehicles (Vâhana) are Shiva Who is the Mahâdeva Preta, Vi*shn*u the lion, and Brahmâ the red lotus. When there is accession of desire (Kâmakâle) She is shown as being on the Shiva-corpse (Shiva preta). Chapter XXII speaks of Her attendants. In this Chapter there are some Mantras given in a reversed form. Thus for Om Durge Durge the Mantras is given as Rgedu rgedu Om. Chapters XXIII and XXIV which deal with the birth of K*rishn*a from Kâlî state that K*rishn*a was born as the son of Devî who was Gaurî (fair complexioned) and turned black when excited by passion. VV 19-27 give a Dhyâna of Kâlikâ. In Chapter XXIV Devî tells K*rishn*a that by drinking the nectar from Her breasts He though Nirgu*n*a has become Sagu*n*a. She says "Oh Son I am Vindurûpâ and then Sagu*n*â. I am Âdyâ the supreme Devatâ of all Devas. The Chapter then proceeds to an account of some Vîjas. Chapters XXV-XXIX deal with Vîjas and their Dhyâna at morning, midday, evening viz., Kâmavîja (Klîng Ch. XXV) Mâyâvîja (Hrîng) and Ramâvîja or Lak*sh*mîvîja (Shrîng in Ch. XXVI) Kûrchchavîja (Hûng in Ch. XXVIII) and Angkusha Vîja (Krong in Ch. XXVIII). V. 21 of Ch. XXVII says that Yantra should not be used in Kali age. In this Chapter XXVIII Kâlî says to K*rishn*a Her son "after this day of Brahmâ You will become the beloved of Râdhâ Who will be born of My body." It says that Brahmâ, Vi*sh*nu Rudra, Îshvara and Sadâshiva are five kinds of Light and K*rishn*a is the Lord above them all. It then speaks of Râdhâ and of K*rishn*a's union with Her. Chapters XXIX and XXX deal with the mode of writing certain Vîjas. Chapter XXX also treats of the time for doing Bodhana of Durgâ and Chapter XXX of the Dhyânas of Vîjas. Chapters XXXII-XXXIV deal with Stotra, Kavacha, and the letters; repeating the prohibition of worship on Yantras in the Kaliyuga. Chapter XXXIII says that Yantra is so called because it gives knowledge of the Ko*n*as of Vîjas (i.e. place where Vîjas are to be put) and therefore fully saves the people. Chapter XXXIV gives four hymns which came out of the mouths of Shiva. The last Chapter (XXXV) of the Tantra gives a conversation between Kâlî and K*rishn*a before the latter went to Goloka. There are five Nandas, five K*rishn*as, five Râdhâs and so forth in the third or present Kalpa. The Vîjas are given which Shiva recites by His four mouths. This Chapter also states that Purashchâra*n*a, Homa, Abhi*sh*eka and Tarpa*n*a are prohibited in the Kaliyuga.

In the preparation of this Text three manuscript have been consulted—one belonging to the Asiatic Society of Bengal; the second to the Calcutta Sanskrit College, and the third to the collection of the Hon'ble Mahârâja Sir Prodyat Kumar Tagore to all of whom my thanks are due.

सूचीपत्रम् ।

अथ

श्रीकालीविलासतन्त्रम्।

अथ प्रथमः पटलः।

ओं नमः कालिकायै।

श्रीदेव्युवाच।

देवदेव महादेव संसारार्णवतारक।
पृच्छाम्येकं महाभाग कृपया कथय प्रभो ॥ १ ॥
अस्मिन् काले[1] महाभाग जम्बुद्वीपे च भारते।
सर्वेषां[2] सम्मतं तन्त्रं कृपया वद मां प्रति ॥ २ ॥

श्रीसद्योजात उवाच।

साधु पृष्टं सुराराध्ये धन्यासि प्राणवल्लभे।
यथोक्तं[3] सर्वतन्त्रेषु अधुना कथयामि[4] ते ॥ ३ ॥
तन्त्राति पतितं घोरे तन्त्र इत्यभिधीयते।
किं काली चञ्चलापाङ्गि चतुर्वर्णमतं शृणु ॥ ४ ॥
चतुर्जातिमतं शुद्धं द्रुतं सिद्धिप्रदायकम्।
न शूद्रे शस्यते मन्त्रः स्वाहाप्रणवसंयुतः ॥ ५ ॥
प्रणवोच्चारणाद्धोमात् शालग्रामशिलार्च्चनात्।
ब्राह्मणीगमनात् शूद्रो हाड्डिपः[5] स्यान्न संशयः ॥ ६ ॥
प्रणवोच्चारणात् शूद्रः स्वाहेत्युच्चारणेन च[6]।

---

१ "अस्मिन् काले" इत्यत्र "कलिकाले" इति पाठान्तरम्। कस्मिन् काले इति न क्वचित् पुस्तके पाठः, एषः तु न साधुः।

२ "सर्व्वेषां" इत्यत्र "शूद्रस्य" इति पाठान्तरम्।

३ "यथोक्तं" इत्यत्र "यदुक्तं" इति पाठान्तरं। अत्र "यथोक्तं" इति पाठमेव साधुमन्यामहे वयम्।

४ "कथयामि" इत्यत्र "निगदामि" इति पाठान्तरम्।

५ "हाड्डिपः" इत्यत्र "पतितः" इति पाठान्तरम्।

६ "हेत्युच्चारणेन च" इत्यत्र "होच्चारेण पार्व्वति" इति पाठान्तरम्।

एकवर्णा भविष्यन्ति सर्वे वर्णा द्विजातय: ॥ ७ ॥
किं तस्य जपपूजायां पतितस्य वरानने ।
गन्धिनीमङ्गीनावर्णा[1] मिलित्वा[2] योगिनी तत: ॥ ८ ॥
जप्त्वा सिद्धीश्वर: शूद्रो निश्चयं भवति प्रिये ।
यद्दत्तं गुरुणा मन्त्रं नम इत्यक्षरद्वयम् ॥ ९ ॥
तदेव परमं मन्त्रं तदेव परमं धनम् ।
चतुर्वर्गमयं तच्च कोटिषोड़शसंयुतम् ॥ १० ॥
कोटिषोड़श जप्त्वा च[3] यत्फलं सम्प्रपद्यते ।
तत्फलं समवाप्नोति गुरुभक्त्या कलौ प्रिये ॥ ११ ॥
नम इत्यक्षरं मन्त्रं गन्धिनी योगिनीद्वयम् ।
सदर्थं नम इत्यस्य ज्ञात्वा ध्यात्वा जपेद् यदि ॥१२ ॥
तदा सिद्धिमवाप्नोति गुरौ भक्तिर्भवेत् यदि ।
गुरुपूजां विना देवि[4] स्वेष्ट-पूजां करोति य: ॥ १३ ॥
मन्त्रस्य तस्य[5] तेजांसि हरते भैरव: स्वयम् ।
न शूद्रे शस्यते मन्त्र: स्वाहाप्रणवसंयुत: ॥ १४ ॥
यो लोकस्तस्य संसर्गी, ह्यब्डिप: स्यान्न संशय: ।

श्रीदेव्युवाच ।

पृच्छाम्येकं महाभाग योगीन्द्रपरमेश्वर ॥ १५ ॥
मन्त्रं कथय देवेश कृपया मे दयानिधे ।
"नम:" इत्यक्षरैर्हीनमन्य[6]मन्त्रं वद प्रभो ॥ १६ ॥

श्रीवामदेव उवाच ।

सप्तकोटिर्महाविद्या उपविद्यास्तथैव च ।
श्रीकृष्णस्य कोटिमन्त्रे कोटिमन्त्रे शिवस्य च ॥ १७ ॥

---

१ "वर्णा" इत्यत्र "वर्ण" इति पाठान्तरम् ।
२ "मिलित्वा" इत्यत्र मिश्रित्व" इति पाठान्तरम् ।
३ "जप्त्वाच" इत्यत्र "अपस्तव" इति पाठान्तरम् ।
४ "स्वेष्ट" इत्यत्र "इष्ट" इति पाठान्तरम् ।
५ "मन्त्रस्य तस्य" इतात्र "तस्य मन्त्रस्य" इति पाठान्तरम् ।
६ "रैर्हीन"मितात्र "राक्षिप्त"मिति पाठान्तरम् ।
"अन्यमन्त्र"मितात्र च "तस्य मन्त्र"मिति पाठान्तरम् ।

शूद्राणामधिकारोऽस्ति स्वाहाप्रणववर्जिते ।
द्वौ द्वावित्यक्षरीं विद्यां शृणु शूद्रस्य सम्मताम् ॥ १८ ॥
चतुर्द्दशस्वरं वर्णं चन्द्रविन्दुसमन्वितम् ।
कामत्रयं कूर्च्चद्वयं मायावीजं ततः परम् ॥१९ ॥
दक्षिणे कालिके चोक्ता काममन्त्रं समुद्धरेत् ।
कूर्चद्वयं द्वयं मायां सर्व्वविद्योत्तमां प्रिये ॥ २० ॥
वह्निजायास्थले मायां दत्त्वा शूद्रो जपेद् यदि ।
जपात् सिद्धीश्वरो भूत्वा परं ब्रह्माधिगच्छति ॥ २१ ॥

इति १ श्रीकालीविलासतन्त्रे प्रथमः पटलः समाप्तः ।

---

१ ऊर्द्धाम्नायतन्त्रे इत्यधिकः पाठः क्वचित् पुस्तके अस्ति ।

अथ द्वितीयः पटलः ।

श्री अघोर उवाच ।

मन्त्रान्तरं प्रवक्ष्यामि शृणु शूद्रस्य सम्मतम् ।
अम्बिकां वह्निसंस्थां च रतिबिन्दुसमन्विताम् ॥ १ ॥
प्रजपेत् यदि शूद्रोऽपि कन्दर्पोपासितां शुभाम् ।
चतुर्व्वर्गमयो भूत्वा परं ब्रह्माधिगच्छति ॥ २ ॥
कामत्रयं वह्निसंस्थं रतिबिन्दुसमन्वितम् ।
त्र्यक्षरी च महाविद्या ब्रह्मोपेन्द्रादिपूजिता ॥ ३ ॥
चतुर्वर्गप्रदा नित्या शूद्रेषु सम्मता प्रिये[1] ।
प्रतिष्ठोपाक्षगमौलं बुद्धिबीजद्वयं ततः ॥ ४ ॥
विन्द्वर्कचन्द्रसंयुक्तं केशवेन सदार्च्चितम् ।
शूद्रेषु साधितं मन्त्रं चतुर्वर्गप्रदायकम् ॥ ५ ॥
कामैकञ्च समुद्धृत्य दक्षिणे कालिके ततः ।
पुनः कामं समुद्धृत्य नाम्ना चाष्टाक्षरी शुभा ॥ ६ ॥
चतुर्वर्गमयीविद्या धारणान्मोक्षदा मता ।
अष्टाक्षरी महाविद्या पूजिता सत्यभामया ॥ ७ ॥
पूर्वबीजं ततः कूर्च्चं मायाबीजं ततः परम् ।
दक्षिणे कालिके चोक्त्वा पूर्वबीजानि चोद्धरेत् ॥ ८ ॥
दशाक्षरी महाविद्या अश्विनीपूजिता पुरा ।
लज्जैकं कामकूर्चञ्च दक्षिणे कालिके ततः ॥ ९ ॥
पुनर्लज्जाञ्च कामाख्यं क्रोधान्ते द्वादशाक्षरी ।
महाविद्या समाख्याता भैरवोपासिता सदा ॥ १० ॥
कामैकं कालिके चेति कामं लज्जा ततः परम् ।
कालिके च तथा मायां कालिके पुनरुद्धरेत् ॥ ११ ॥

---

१ एतत् "प्रतिष्ठे"त्यादि श्लोकादारभ्य "लज्जया पूटिता लक्ष्मीः" इत्यन्तः पाठः क्वचित् पुस्तके नास्ति ।

मायां कूर्चं कालिके च क्रोधान्तञ्च समुद्धरेत् ।
जनविंशाक्षरी विद्या चतुर्वर्गफलप्रदा ॥ १२ ॥
लक्ष्मीबीजेन पूटितं मायाबीजं समुद्धरेत् ।
त्र्यक्षरी च समाख्याता कुवेरवित्तदायिनी ॥ १३ ॥
लज्जया पुटिता लक्ष्मीः विद्यैषा त्र्यक्षरी शुभा ।
लक्ष्मीबीजेन पुटितं कालिके च ततः परम् ॥ १४ ॥
पञ्चाक्षरी महाविद्या बलरामेण पूजिता ।
वामलोचन मासीनं बुध्नाग्नीन्दुसमन्वितम्[1] ॥ १५ ॥
बिन्दुयुक्तं महाविद्या ऐकाक्षरी प्रकीर्त्तिता ।
बुद्धिबीजं वह्निसंस्थं रतिविन्दुसमन्वितम् ॥ १६ ॥
एकाक्षरी प्रिये चान्या कथिता भुवि दुर्लभा ।
[2]पृथ्वीबीजेषु चासीना वह्निरतिसमन्विता ॥ १७ ॥
विन्दुयुक्ता प्रिये चान्या कथिता भवसुन्दरि ।
रतिविन्दुसंयुक्तं त्र्यक्षरं परिकीर्त्तितम् ॥ १८ ॥
कामबीजत्रयं चादौ कूर्चबीजद्वयं ततः ।
ततो मायाद्वयञ्चोक्त्वा [3]कामबीजद्वयं ततः ॥ १९ ॥
ततः कूर्चद्वयं चोक्त्वा कामद्वयं ततः परम् ।
स्वाहास्थाने कूर्चमायां दत्त्वाशूद्रो जपेत् यदि ॥ २० ॥
सर्वसिद्धीश्वरो भूत्वा परंब्रह्माधिगच्छति ।
पुनरेकं त्रयं कामं कूर्चं एकं च लज्जिका ॥ २१ ॥
एवं प्रणवमुद्धृत्य कामत्रयं तथोद्धरेत् ।
कूर्चं द्वयं ततो मायां प्रणवं वह्निवल्लभा ॥ २२ ॥
मतान्तरमिदं प्रोक्तं षोडशात् ब्रह्मदुर्लभा ।
प्रशस्ता शूद्रवर्णेषु स्वाहा प्रणववर्जिता ॥ २३ ॥

---

१ "बुध्नाग्नीन्दु"मित्यत्र "वक्राग्नीन्दु" इति क्वचित् पुस्तके पाठः ।
२ "पृथ्वी" इत्यादि "त्र्यक्षरं परिकीर्त्तितम्" इत्यन्तः श्लोकः क्वचित् पुस्तके नास्ति ।
३ "कामबीजद्वयं ततः" इत्यत्र "कामद्वयं तथोद्धरेत्" इति क्वचित् पुस्तके पाठः ।

सत्यादिकचतुर्युगे प्रशस्ता शूद्रजातिषु ।
परात्परतरा विद्या स्वाहाप्रणवसंयुता ॥ २४ ॥
ब्राह्मणे क्षत्रिये वैश्ये प्रशस्ता सुरदुर्लभे ।
ध्यानञ्च पूर्ववद्देवि ऋषिश्छन्दश्च पूर्ववत् ।
कोटिषोड़शमन्त्राश्च प्रशस्ताः शूद्रजातिषु ॥ २५ ॥

इति [1] श्रीकालीविलासतन्त्रे द्वितीयः पटलः समाप्तः ।

---

[1] ऊर्द्ध्वाम्नायतन्त्रे इत्यधिकः पाठः क्वचित् पुस्तके दृश्यते ।

अथ तृतीयः पटलः ।

श्रीदेव्युवाच ।

पृच्छाम्येकं महाभाग योगीन्द्र भक्तवत्सल ।
यत्र यत्र विनिर्दिष्टं कवचं मङ्गलप्रदम् ॥ १ ॥
स्वाहाप्रणवसंयुक्तं कवचं देवविग्रहम् ।
शूद्रस्य वचने देव[1] अधिकारोऽस्ति नास्ति वा ॥ २ ॥
तन्मे कथय देवेश नमस्ते भक्तवत्सल ।

श्रीतत्पुरुष उवाच ।

विद्यामुपास्य देवेशि कालीविलाससम्मताम् ॥ ३ ॥
शूद्रोऽपि वैश्यभावत्वं याति निश्चयमीरितम् ।
कवचेनाधिकारोऽस्ति[2] वाचने वरवर्णिनि ॥ ४ ॥
अथवा प्रणवस्थाने चतुर्दशस्वरं प्रिये ।
तदा तु सहसा ज्ञात्वा गुरुमन्यं समाश्रयेत्[3] ॥ ५ ॥
हठात् यदि महामन्त्र[4] स्वाहाप्रणवसंयुतम् ।
मन्त्रं गुरुमुखात् श्रुत्वा शूद्रः शूकरयोनिषु ॥ ६ ॥
जायते नात्र सन्देहो गुरोर्दोषो न जायते ।

श्रीदेव्युवाच ।

दत्त्वा मन्त्रं तथा विद्यां गुरुर्देशान्तरं गतः ॥ ७ ॥
शिष्यैः गुरुमुखात् श्रुत्वा मन्त्रो विद्या च विस्मृता ।
किं कर्त्तव्यं तदा देव तेन शिष्येण साम्प्रतम् ॥ ८ ॥

श्रीदेव उवाच[5] ।

श्रुत्वा चान्यगुरोर्वक्त्रात् तान्त्रिकस्य सुरार्चिते ।

---

१ "शूद्रस्य वचने देव" इत्यत्र "शूद्रस्योच्चारणे देव" इति क्वचित् पुस्तके पाठः ।
२ "कवचे चाधिकारोऽस्ति" इति क्वचित् पुस्तके पाठः ।
३ "तदा तु", इत्यादि श्लोकार्द्धं क्वचित् पुस्तके नास्ति ।
४ "महामन्त्रं" इत्यत्र—"महागुप्त" इति क्वचित् पुस्तके पाठः ।
५ "श्रीदेव उवाच" इत्यत्र "तत्पुरुष उवाच" इति क्वचित् पुस्तके पाठः ।

पूर्व्वविद्यां यथा श्रुत्वा ज्ञात्वा सिद्धीश्वरो भवेत् ॥ ८ ॥
यदि न क्रियते चैवं गुरौ भक्तिर्वरानने ।
स ऋणी सर्व्वदेवानां भूत्वा याति परत्र च[1] ॥ १० ॥
स एव गतचाण्डालो विष्ठायां जायते क्रमिः ।
किं तस्य जपपूजायां भक्तैरीश्वरप्रिये ॥ ११ ॥
नरकश्च भवत्येव निश्चयं वचनं मम ।
दुरदृष्टवशाच्छूद्रे स्वाहाप्रणवसंयुतम् ॥ १२ ॥
शूद्रेण मन्त्रं देवेशि न जप्तव्यं कदाचन ।
जपान्निरयमाप्नोति निश्चयं वचनं मम ॥ १३ ॥
यस्तु मूढ़वरो विप्रः स्वाहाप्रणवसंयुतम् ।
दत्वा निरयमाप्नोति मम हत्यामवाप्नुयात् ॥ १४ ॥

इति [2] श्रीकालीविलासतन्त्रे तृतीयः पटलः समाप्तः ।

---

१ "परत्र च" इत्यत्र "स्वरो भवेत्" इति "यातिपरत्र च" इत्यत्र "जातीश्वरो भवेत्" इति क्वचित् पुस्तके पाठः ।

२ ऊर्द्धाम्नायतन्त्रे इत्यधिकः पाठः क्वचित् पुस्तके दृश्यते ।

अथ चतुर्थः पटलः ।

श्रीदेव्युवाच[1] ।

पृच्छाम्येकं महाभाग योगीन्द्र भक्तवत्सल ।
रहस्यं कलिकालस्य साम्प्रतं वद शङ्कर ॥ १ ॥

श्रीईशान उवाच ।

ब्राह्मणैः क्षत्रियैर्वैश्यैः शूद्रैस्त्वन्तरजातिभिः[2] ।
पशुभावेन कर्त्तव्यं कलौ च जपपूजनम् ॥ २ ॥
दिव्यभावो वीरभावो नास्ति नास्ति कलौ युगे ।
त्रिसन्ध्यं स्नानपूजाभिः हविषेण निरामिषैः ॥ ३ ॥
मादकं न पिवेत् शूद्रः पित्वा च ब्रह्महा भवेत् ।
प्रातःस्नानं समासाद्य पूजयेत् पटलक्रमात् ॥ ४ ॥
अथवा शृणु चार्व्वङ्गि कथयामि समासतः ।
अशुचिर्व्वा शुचिर्व्वापि गच्छन् तिष्ठन् स्वपन्नपि ॥ ५ ॥
मन्त्रैक स्मरणो विद्वान् मनसैव सदाभ्यसेत् ।
कलौ पुरश्चरो नास्ति क्षुधानिद्रातुरो यतः ॥ ६ ॥
शृणु तत्र प्रवक्ष्यामि रहस्यं शिवपूजनम् ।
कृत्वा सिद्धीश्वरो भूत्वा विहरेत् क्षितिमण्डले ॥ ७ ॥
शिवस्य मन्त्रवद्देवि[3] शिवलिङ्गं प्रपूजयेत् ।
ॐ नमः शिवाय मन्त्रं न तु शूद्रेषु सम्मतम् ॥ ८ ॥
नमः शिवायेति मन्त्रं प्रशस्तं शूद्रजातिषु ।
न्यासञ्च मातृकान्यासं कोटिषोड़शसंयुतम् ॥ ९ ॥
चतुर्द्दशस्वरैर्युक्तं न्यासं कुर्य्याद्विशालधीः ।
प्रयोगं शृणु चार्व्वङ्गि कथयामि वरानने ॥ १० ॥
ॐ युं ॐ नमो ललाटे[4] ॐ औं आं ॐ आं ॐ मुखे ।
इत्यादिरूपं चार्व्वङ्गि न्यासं कुर्य्यात् समाहितः ॥ ११ ॥

---

१ श्रीदेव्युवाच इति पाठः क्वचित् पुस्तके नास्ति ।

२ "शूद्रैस्त्वन्तरजातिभिः" इत्यत्र "शूद्रैरेव च जातिभिः" इति क्वचित् पुस्तके पाठः ।

३ मन्त्र शब्देनात्र विग्रहो लक्षितः ।

४ औं यं औं इत्यत्र—औं आं औं इति पाठः क्वचित् पुस्तके ।

शिवमन्त्रं प्रथमतः शक्तिमन्त्रं ततः परम्।
श्रुत्वा गुरुमुखाद्भद्रे शिवशक्तिमयो भवेत्॥ १२॥
कालीविलासतन्त्रोक्ता या या विद्या वरानने।
शूद्रेषु चञ्चलापाङ्गि नात्र कार्य्या विचारणा[1]॥ १३॥
स्वाहाप्रणवसंयुक्तां न जपेत् शूद्रजातिकः।
विशेषञ्च प्रवक्ष्यामि गुरुभक्त्या च सिध्यति॥ १४॥
विना गुरोः प्रसन्नत्वं किं पुरश्चरकोटिभिः[2]।
गुरुपूजां विना भद्रे नान्यपूजां समाचरेत्॥ १५॥
गुरुर्ब्रह्मा गुरुर्विष्णुर्गुरुर्देवो महेश्वरः।
गुरुपत्नीषु सा बुद्धिर्यदिस्याद्गुरुरूपिणी॥ १६॥
तदा सिद्धिमवाप्नोति नान्यथा कल्पकोटिभिः।
किं बहूक्त्या महेशानि प्रभावो गुरुशिष्ययोः॥ १७॥
भविष्यति न सन्देहो जम्बुद्वीपे प्रजायते[3]।
जम्बुद्वीपस्य वर्षे च प्रशस्तं तन्त्रमुत्तमम्॥ १८॥
अन्यशास्त्रमतं कुर्य्यां न कदापि वरानने।
यदर्थं सर्व्ववर्णानां कवचं च स्तवस्तथा॥ १९॥
देवता च ऋषिश्छन्दो ध्यानञ्च निर्णयस्तथा।
अष्टसिद्धिपरिचयं प्रकृतिः प्रत्ययस्तथा॥ २०॥
प्रत्येकं सर्ववर्णानां को न वेद विनिर्णयम्।
श्रीमत् कुण्डलिनीविन्दो[4] रहस्यमभिनिर्णयम्॥ २१॥
विना वर्णपरिज्ञानं विफलं पूजनं जपः।
इति ते कथितं कालीविलासं परमाद्भुतम्॥ २२॥

इति [5] श्रीकालीविलासतन्त्रे चतुर्थः पटलः समाप्तः।

१ "नात्रकार्य्याविचारणा" इत्यत्र "ब्राह्मणे क्षत्रिये तथा" इति पाठान्तरम्।
२ "किं पुरश्चरकोटिभिः" इत्यत्र "कोटिपुरश्चरणेन किं" इति क्वचित् पुस्तके पाठः।
३ "प्रजायते" इत्यत्र 'च भारते' इति क्वचित् पुस्तके पाठः।
४ श्रीमत् कुण्डलिनी विन्दोरित्यत्र "महाकुण्डलिनी विन्दो"रिति पाठान्तरम्।
५ अर्द्धाय तन्त्रे इत्यधिकः क्वचित् पुस्तके पाठः।

अथ पञ्चमः पटलः ।

तत्र अष्टोत्तर-शतनाम स्तोत्रम् ।

श्रीदेव्युवाच ।

देव देव महादेव संसारार्णवतारक ।
स्तोत्रं मे कथयेशान कलिकालस्य सम्मतम् ॥ १ ॥

श्रीउमेश उवाच ।

शृणु देवि शुभं तत्त्वं स्तोत्रं मोक्षैकसाधनम् ।
शृणु त्वं शतनामानि पार्व्वति प्राणवल्लभे ॥ २ ॥
अस्य श्रीशतनाम-स्तोत्रस्य ब्रह्मा ऋषिर्गायत्रीच्छन्दः
श्रीकालिका देवता श्रीकालीशतनाम पाठे विनियोगः ।
(ओं) कालिका कालरात्रिश्च कमलाकरुणा कुहुः ।
कौषिकी केतकी कुन्ती केकरा कलिमर्दिनी ॥ ३ ॥
कौमारी कुलजा कृष्णा कृष्णाङ्गी कृष्णपूजिता ।
कृष्णमाता करालास्या कपालधारिणी कला ॥ ४ ॥
काशी कात्यायणी काली कौतुकी कमलार्चिता ।
कादम्बिनी प्रिया काला केशिनी केशवार्चिता[1] ॥ ५ ॥
कोटराक्षी कुलश्रेष्ठा कुलदा कुलपण्डिता ।
सदाशिवप्रिया सत्या[2] सदाशिवकृतालया ॥ ६ ॥
अभया वरदा चैव, चामुण्डामुण्डमालिनी ।
खड्गिणी खड्गहस्ता च दन्तुरा भक्तवत्सला ॥ ७ ॥
नागयज्ञोपवीता च[3] जटिनी लोलजिह्विका ।
दिगम्बरा[4] चाट्टहासा घोरास्या गजगामिनी ॥ ८ ॥
श्मशानवासिनी सौम्या शिवानी शिववल्लभा ।
शिवपूज्या शिवाराध्या ब्रह्मपूज्या च वामनी ॥ ८ ॥

१ "केशवार्चिता" इत्यत्र "कालपूजिता" इति पाठान्तरम् ।
२ "सत्या" इत्यत्र "नित्या" इति पाठः क्वचित् पुस्तके ।
३ "नागयज्ञोपवीता च" इत्यत्र नागयज्ञोपवीताङ्गी इति क्वचित् पुस्तके पाठः ।
४ "दिगम्बरा" इत्यत्र "दिगम्बरी" इति क्वचित् पुस्तके पाठः ।

त्रिपुरेशी जगद्धात्री भुवना भुवनेश्वरी ।
माहेशी महिषारूढ़ा गौरी सर्व्वाङ्गसुन्दरी ॥ १० ॥
सावित्री सवितुःसाध्या सर्वाणी हरवल्लभा ।
मुण्डमाला मुण्डधरा शङ्खिनी समरप्रिया ॥ ११ ॥
शूलिनी शूलहस्ता च दक्षयज्ञविनाशिनी ।
महाविद्या मन्त्रविद्या उपविद्यास्वरूपिणी ॥ १२ ॥
सुशीला सुदती सौम्या लसत्कोकनदेक्षणा ।
दैतेन्द्र-नाशिनी देवी दैतप्राणप्रहारिणी ॥ १३ ॥
आशातृष्णा क्षुधानिद्रा मोहिनी स्तम्भिनी तथा ।
इड़ा च पिङ्गला चैव सुषुम्ना प्राणरूपिणी ॥ १४ ॥
गान्धारी हस्तिजिह्वा च पुषा तेजस्विनी तथा ।
अङ्कूरा च तथा नित्या चन्द्रसूर्य्यप्रकाशिनी ॥ १५ ॥
यशोदा जम्भिनी राधा शतनाम इतीरितम् ।
न कलौ शस्यते देवि सहस्राख्यं परात्परम् ॥ १६ ॥
परशु रामवद्भूत्वा सहस्राख्यं पठेद् यदि ।
तदैव सिद्धिमाप्नोति नान्यथा कल्पकोटिभिः ॥ १७ ॥
शतनाम्नः परं नाम नास्ति नास्ति कलौ युगे[1] ।
अतः परतरं नास्ति[2] कालिकायाः कलौ प्रिये ॥ १८ ॥
लक्षावर्त्तनमात्रेण पशुभावेन सिद्ध्यति ।
दिव्यवीरमयो भावः कलौ नास्ति कदाचन ॥ १९ ॥
त्रिसन्ध्यं प्रपठेद् यस्तु तस्य सिद्धि र्न दूरतः ।
अष्टोत्तरशतं जप्त्वा ततस्तोत्रं पठेद् यदि ।
सर्व्वसिद्धीश्वरो भूत्वा परं ब्रह्माधिगच्छति ॥ २० ॥

इति श्रीकालिविलास-तन्त्रे ३ पञ्चमपटले अष्टोत्तर-
शतनाम स्तोत्रं समाप्तम् ।

ॐ तत्सदित्यादि ।

१ "कलौ युगे" इत्यत्र "सुदुर्लभं" इति पाठः क्वचित् पुस्तके ।
२ "अतः" इत्यत्र "नातः" "नास्ति" इत्यत्र 'स्तोत्रम्" इति च पाठः क्वचित् पुस्तके ।
३ अर्च्चायामपि इत्यधिकः पाठः क्वचित् पुस्तके ।

तत्र त्रैलोक्यमोहनं नाम कवचम् ।

श्रीदेव्युवाच[1] ।

पृच्छाम्येकं महाभाग योगीन्द्र भक्तवत्सल ।
द्वाविंशत्यक्षरमयं कवचं लोकमोहनम् ॥ २१ ॥
कृपया कथ्यतां देव यद्यहं तव वल्लभा ।
यदि नो कथ्यते देव विमुञ्चामि तदा तनुम् ॥ २२ ॥

श्रीसद्योजात उवाच ।

शृणु देवि प्रवक्ष्यामि सावधानाश्च[2] धारय ।
क्रीँ क्रीँ पातु कपोलं मे क्रीङ्कारो मुखमण्डलम् ॥ २३ ॥
क्रीँ क्रीँ देव्यङ्घ्रियुगलं पातु नित्यं यथा तथा ।
हुँ हुँ पातु हस्तयुग्मं क्रीँ क्रीँ पादद्वयं तथा ॥ २४ ॥
हृत्पद्मं दक्षिणा पातु कालिका पातु मस्तकम् ।
क्रीँ पातु नासिकायुग्मं क्रीँ पातु श्रवणद्वयम् ॥ २५ ॥
क्रीँ पातु लिङ्गमूलं हुँ ह्रूँ सहस्रदलद्वयम् ।
ह्रीँ क्रीँ मे पातु षट्चक्रं सर्व्वाङ्गं वह्निवल्लभा ॥ २६ ॥
क्रीँ क्रीँ मैकाक्षरी विद्या सर्व्वतः पातु कालिका ।
क्रीँ क्रीँ क्रीँ मे पातु शीर्षं सर्व्वतो विभवं तथा ॥ २७ ॥

३ "क्रीँ क्रीँ क्रीँ क्रीँ क्रीँ" ।

इति पञ्चाक्षरी विद्या कालिका जगदीश्वरी ।
पातु मे विभवं सर्वं दारपुत्रपरिच्छदम् ॥ २८ ॥
क्रीँ क्रीँ द्व्यक्षरिका विद्या सर्व्वतः पातु कालिका ।
सर्वाङ्गं पातु मे काली हूङ्कारी परमेश्वरी ॥ २९ ॥
क्रीँ क्रीँ क्रीँ पातु मे नित्यं सम्पत्त्या सहितं सदा ।
क्रीँ क्रीँ मे काली सर्वाङ्गं क्रीँ कुल्ला मुखमण्डलम् ॥ ३० ॥

१ एतत् कवचं क्वचित् पुस्तके नास्ति ।
२ "सावधानाश्च धारय" इत्यत्र "सावधानावधारय" इति क्वचित् पुस्तके पाठः ।
३ "क्रीँ क्रीँ क्रीँ क्रीँ क्रीँ" इति क्वचित् पुस्तके पाठः ।

कुरुकुल्ला पातु क्रीँ क्रीँ स्वाधिष्ठानञ्च षड्दलम् ।
कालीविरोधिनी क्रीँ च स्वाधारं सर्वदा मम ॥ ३१ ॥
क्रीँ कारी पातु मे नाभिं विप्रचित्ता महाबला ।
ॐ उग्रा पातु हृत्पद्मं अनिशं मे यथातथा ॥ ३२ ॥
ॐ उग्रोग्रप्रभादेवी पातु मां कालिका परा ।
क्रीँ बलाका महामाया क्रीँमाता कालिका परा ॥ ३३ ॥
क्रीँ मुद्रा हर्षदा नित्या पातु मे ह्यनिशं वपुः ।
मिता पातु स्तनद्वन्द्वं ब्राह्मी नारायणी कटिम् ॥ ३४ ॥
माहेश्वरी च चामुण्डा कौमारी चापराजिता ।
ॐ उमा जगतां माता पातु मे विभवं सदा ॥ ३५ ॥
इति ते कथितं देवि कवचं लोकमोहनम् ।
गुह्याद् गुह्यतरं गुह्यं सारात्सारं परात्परम् ॥ ३६ ॥
न देयं परशिष्याय भ्रष्टाय निन्दकाय च ।
हरिभक्तिविहीनाय शिवभक्ताय चेश्वरि ॥ ३७ ॥
इदं कवचमज्ञात्वा पूजयेद् यदि कालिकाम् ।
तस्य पूजाजपफलं सर्वं हरति भैरवः ॥ ३८ ॥
त्रिसन्ध्यं प्रपठेद् यस्तु स शिवो नात्रसंशयः ।
चतुर्वर्गमयो भूत्वा विहरेत् क्षितिमण्डले ।
इहलोके सुखं भुक्त्वा चान्ते मोक्षमवाप्नुयात् ॥ ३९ ॥

इति १ श्रीकालीविलास-तन्त्रे त्रैलोक्यमोहनं
नाम कवचं समाप्तम् ।

ॐ तत्सदित्यादि ।

इति श्रीकालीविलास-तन्त्रे १ देवीदेव संवादे
पञ्चमः पटलः समाप्तः ।

---

१ ऊर्द्ध्वाम्नाये इत्यधिकः क्वचित् पाठः

अथ षष्ठः पटलः ।

श्रीदेव्युवाच ।

देवदेव महादेव संसारार्णवतारक ।
पृच्छामीदं महाभाग कृपया कथय प्रभो ॥ १ ॥
पञ्चतत्त्व मकारस्य[1] युगभेदमते वद ।
दीक्षाकालञ्च देवेश कृपया वद साम्प्रतम् ॥ २ ॥

श्रीदेव उवाच ।

फाल्गुने सितपक्षे[2] या कृष्णाख्या पञ्चमी भवेत् ।
यदि भाग्यवशात् स्वातीशुक्रवारसमन्विता ॥ ३ ॥
तत्र या क्रियते दीक्षा कोटिदीक्षाफलं लभेत् ।
अथवा ऋक्षसंयुक्ता यदि भाग्यवशाद्भवेत् ॥ ४ ॥
चतुर्द्दशी शुक्लयुक्ता सा तिथिः सर्वदायिनी ।
बुधवारेण सहिता चार्द्रा ऋक्षसमन्विता ॥ ५ ॥
शुक्ला च नवमी नित्या वरदा श्रीप्रदायिनी[3] ।
यत् प्रोक्तं[4] सर्व्वतन्त्रेषु अधुना कथयामि ते ॥ ६ ॥
शुक्लास्तानि च कालानि वर्ज्जयेत् सर्वकर्मसु ।
दीक्षोपनयने देवि बाधते न कदाचन ॥ ७ ॥
तद्दोषनाशनं देवि कथयामि शृणु प्रिये ।
ब्रह्मविद्यायाः श्रवणं तद्दोषनाशकारणम् ॥ ८ ॥

श्रीदेव उवाच ।

शृणु भावत्रयं देवि दिव्यवीरपशुक्रमात् ।
दिव्यश्च देववत्प्रायो वीरश्चोद्धतमानसः ॥ ९ ॥
पशुभावः सदा देवि शुद्धश्च शुचिवत् सदा ।
सत्यत्रेतादिपर्य्यन्तं दिव्यभावविनिर्णयः ॥ १० ॥

१ "मकारस्य" इत्यत्र "महादेव" इति पाठः क्वचित् पुस्तके ।
२ असितपक्षे, हे कालि इत्यर्थः असितः शनिः पक्षे यस्याः तत्सम्बोधनम् ।
कालिकायाः शनैश्चरेष्टदेवतात्वात् ।
३ "श्रीप्रदायिनी" इत्यत्र "शिवदायिनी" इति पाठः क्वचित् पुस्तके ।
४ यत्प्रोक्तं इति पाठं एव साधुमन्यामहे वयम् ।

स भावः परमेशान मकारादेश्च सर्वतः[1] ।
त्रेताद्वापरपर्य्यन्तं वीरभाव इतीरितः ॥ ११ ॥
यथा दिव्यस्तथा वीरो नास्तिभेदः शुचिस्मिते ।
भक्षणात् पञ्चमत्स्यादेः न दोषो जायते नृणाम् ॥ १२ ॥
पशुभावे सदा शुद्धाः सनकाद्या वरानने ।
अन्येऽपि ये च राजानः सिद्ध्यन्ति दिव्यवीरयोः ॥ १३ ॥
वीरः परशुरामाख्यः दिव्यभावे च सिध्यति ।
सहस्राख्यं पठित्वा तु रामः सिध्यति भूतले ॥ १४ ॥
श्रीरामो जानकीनाथः पशुभावेन सिध्यति ।
रावणः कुम्भकर्णश्च वीरौ तौ शृणु सुन्दरि ॥ १५ ॥
सिद्ध्यन्ति पशुभावेन उग्रसेनादयस्तथा ।
कंसश्च वसुदेवश्च पशुभावेन तौ प्रिये ॥ १६ ॥
अर्ज्जुनो भीमसेनश्च युधिष्ठिरश्च ते प्रिये ।
पशुभावैः सदा सिद्धा न दिव्यवीरभावतः ॥ १७ ॥
रुक्मिणी सत्यभामा च द्रौपदी देवकी तथा ।
द्रोणाचार्य्यः कृपाचार्य्यश्चाश्वत्थामा तथैव च ॥ १८ ॥
पशुभावपराश्चैते किन्तु सिद्धा भवन्ति च ।
मद्यं मांसं तथा मत्स्यं मुद्रां मैथुनमेव च ॥ १९ ॥
श्मशानसाधनं भद्रे चितासाधनमेव च ।
एतत्ते कथितं भद्रे सिद्धवीरमतं शृणु ॥ २० ॥
दिव्यवीरमतं नास्ति कलिकाले सुलोचने ।
कलौ पशुमतं शस्तं ततः सिद्धीश्वरो भवेत् ॥ २१ ॥
त्रिसन्ध्यस्नानदानश्च हविष्याशी जितेन्द्रियः
त्रिसन्ध्यं पूजयेद्देवीं त्रिसन्ध्यं कवचं पठेत् ॥ २२ ॥
त्रिसन्ध्यं शतनामानि पठेत् संसिद्धिहेतुकम् ।
इति ते कथितं देवि सर्वजातिषु सम्मतम् ॥ २३ ॥
अधुना सम्प्रवक्ष्यामि दिव्यवीरमतं शृणु ।
मत्स्यं मांसं तथा मुद्रां परस्त्रीषु च मैथुनम् ॥ २४ ॥

---

१ "सभावः परमेशानमकारादेश्च सर्व्वतः" इत्यत्र "स भावः परमेशान सनकादेश्च सम्मतः" इति क्वचित् पुस्तके पाठः ।

मद्यं न रचयेद्भद्रे कलिकाले वरानने ।
पीत्वा पीत्वा पुनः पीत्वा पतित्वा च महीतले ।
उत्थाय च पुनः पीत्वा वचनं सत्य-सम्मतम् ॥ २५ ॥

इति श्रीकालीविलासतन्त्रे षष्ठः पटलः समाप्तः ।

अथ सप्तमः पटलः ।

श्रीदेव उवाच ।

सम्बिदा भक्षणं देवि सम्यक् कलियुगे शृणु ।
शुक्लं रक्तं तथा पीतं कृष्णञ्च भक्तं[1] मीरितम् ॥ १ ॥
शुक्लपुष्पं ब्राह्मणे च रक्तपुष्पञ्च क्षत्रिये ।
वैश्ये च पीतपुष्पं स्यात् शूद्रे कृष्णमितीरितम् ॥ २ ॥
कलिकाले च लोकानां यदि स्यात् साधन-स्पृहा ।
जिह्वाग्रे निक्षिपेत् किञ्चिन्न बहूनि च भक्षयेत् ॥ ३ ॥
यदि जात्यन्तरं भुङ्क्ते ब्रह्महत्यां लभेत्तदा[2] ।
अथवा शृणु वक्ष्यामि शूद्राणां पाननिर्णयम् ॥ ४ ॥
नारिकेलोदकं कांस्ये तक्रञ्च गुड़संयुतम् ।
आर्द्रकं गुड़संयुक्तं, ताम्रे मधुगुड़ं तथा ॥ ५ ॥
काञ्जिका गुड़संयुक्ता वामहस्ते गुड़ं ततः ।
संशोध्यमूलमन्त्रेण कुशाग्रे वरवर्णिनि ॥ ६ ॥
निक्षिप्य मूलमुच्चार्य्य जिह्वाग्रे सिद्धिदायिनी ।
जिह्वाग्रे निक्षिपेदष्टदिनावधि च पार्व्वति ॥ ७ ॥
मासस्यानन्तरं भद्रे निक्षिपेत् ब्राह्मणादिकम् ।
इति ते कथितं देवि दशविद्यासु सम्मतम् ॥ ८ ॥
शालग्रामशीलाचक्रे पूजयेद् ब्राह्मणः सदा ।
पूजयेत् शिवलिङ्गे वा न यन्त्रे पूजयेत् कलौ ॥ ९ ॥
यन्त्रस्य लिखने[3] पूजा निश्चितं विफला भवेत् ।
पूजकस्यापि तेजांसि हरते योगिनी गणः[4] ॥ १० ॥
पूजने शिवलिङ्गेषु शूद्राणां सम्मतं कलौ ।
गुप्तागुप्ततरापूजा प्रकटा सिद्धिनाशिनी ॥ ११ ॥

१ भक्तमित्यस्य विभक्तं इत्यर्थः. गङ्गादिभेदेन सम्बिदा चतुर्विधा इति भावः ।
२ "लभेत्तदा" इत्यत्र "लभेद्ध्रुवं" इति पाठान्तरम् ।
३ "लिखने" इत्यत्र "पूजने" इति पाठान्तरं, अत्र लिखनपदस्य पूजार्थत्वम् ।
४ "योगिनी गणः" इत्यत्र "भैरवः स्वयं" इति पाठान्तरम् ।

अन्तःशाक्ता वहिः शैवाः सभायां वैष्णवा मताः ।
नानारूपधराः कौला विचरन्ति महीतले ॥ १२ ॥
विसृज्य तुलसीमालां तिलकं हरिमन्दिरम् ।
कथोपकथनं देवि श्रीहरेर्गुणकीर्त्तनम् ॥ १३ ॥
इष्टमन्त्रे मनो दत्त्वा प्रजपेदनिशं मनुम् ।
वैष्णवाचारसंयुक्त इष्टमन्त्रं सदाभ्यसेत् ॥ १४ ॥
तदासिद्धो भवेन्मन्त्रो नात्र कार्य्या विचारणा ।
सामान्यविधिना पूजा कलिकालेषु सम्मता ॥ १५ ॥
सामान्यविधिना सर्व्वं शतनामानि सम्पठेत् ।
न्यासश्च मातृकान्यासः कलिकालस्य सम्मतः ॥ १६ ॥
मातृका न्यासमात्रेण सर्व्वसिद्धीश्वरो भवेत् ।
कृत्वा श्रीमातृकाजालं प्राणायामफलं लभेत् ॥ १७ ॥

इति श्रीकालीविलासतन्त्रे सप्तमः पटलः समाप्तः ।

अथाष्टमः पटलः ।

श्रीदेव्युवाच ।

कथ्यतां मे महादेव प्राणायामविनिर्णयः ।
मनोजीवात्मना शुद्धिः प्राणायामाद्भवेद् यदि ॥ १ ॥
प्राणायामपरं किञ्चिद् ध्यानं नास्ति वरानने ।
प्राणापानौ समानश्च उदानोव्यान एव च ॥ २ ॥
नागः कूर्म्मोऽथ कृकरो देवदत्तो धनञ्जयः ।
प्राणायामे च सर्वेषां विश्रामो जायते ध्रुवम् ॥ ३ ॥
प्राणायामत्रयं भद्रे उत्तमाधममध्यमम् ।
अधमाज्जायते स्वेदो मध्यमाद् गात्रकम्पनम् ॥ ४ ॥
उत्तमाच्च क्षितित्यागो जायते नात्रसंशयः ।
जायते मातृकाज्ञानात् प्राणायामत्रयं फलम् ॥ ५ ॥
इति ते कथितो देवि प्राणायामविनिर्णयः ।
ज्ञात्वा सिद्धीश्वरो लोको भवतीति विनिश्चयः ॥ ६ ॥

इति श्रीकालीविलासतन्त्रेऽष्टमः पटलः समाप्तः ।

अथ नवमः पटलः ।

श्रीतत्पुरुष उवाच[1] ।

किं बहुक्तया महेशानि गुरुभक्त्या न सिध्यति ।
सङ्केतं स्तवमज्ञात्वा विफलं पूजनं जपः ॥ १ ॥
नाम सङ्केतकञ्चैव गुरुसङ्केतकं तथा ।
मन्त्रसङ्केतकञ्चैव कालसङ्केतकं तथा ॥ २ ॥
चारसङ्केतकञ्चैव विना सिद्धि र्न जायते ।
तदुक्तं कुलतन्त्रे च सङ्केतमुत्तमं स्तवम् ॥ ३ ॥
पठित्वा परमेशानि चतुर्व्वर्गफलं लभेत् ।
त्रिसन्ध्यं यः पठेत् स्तोत्रं सङ्केतसिद्धिमुत्तमम् ॥ ४ ॥
स सिद्धः स महेशोऽपि[2] अष्टैश्वर्य्यमयः सदा ।
स एव धन्यो यस्यार्थे महेशो व्यग्रमानसः ॥ ५ ॥
लक्षावर्त्तनमात्रेण पुरश्चर्य्याफलं लभेत् ।
कलौ होमो महेशानि नास्ति नास्ति कदाचन ॥ ६ ॥
कलिकाले महेशानि शिवपूजाफलप्रदा ।
सहस्रपूजनाद्देवि पुरश्चर्य्याफलं लभेत् ॥ ७ ॥
एवं द्विदशसाहस्रं शिवतन्त्रमतं प्रिये ।
कृत्वा सिद्धीश्वरो देवि विहरेत् क्षितिमण्डले ॥ ८ ॥
स एव पृथिवीपालो भूत्वा याति परत्र च ।
यः शिवः सैव दुर्गा स्यात् या दुर्गा शिव एव सः ॥ ८ ॥
यः शिवः कृष्ण एव स्यात् यः कृष्णः शिव एव सः ।
तत्र यः कुरुते भेदं स एव नारकी भवेत् ॥ १० ॥

इति श्रीकालीविलासतन्त्रे नवमः पटलः समाप्तः ।

---

१ "श्रीतत्पुरुष उवाच" इति पाठः क्वचित् पुस्तके नास्ति ।
२ "महेशोऽपि" इत्यत्र "गणेशोऽपि" इति पाठान्तरम् ।

अथ दशमः पटलः।

श्रीदेव्युवाच।

देवदेव महादेव योगीन्द्र वृषभध्वज।
अस्याः श्रीभुवनेश्वर्य्याः शतनाम वद प्रभो ॥ १ ॥

श्रीईशान उवाच।

सहस्रेण महेशानि कलिकाले न सिद्ध्यति।
शतनाम्नः परं नाम कलौ नास्ति महेश्वरि ॥ २ ॥

अस्य श्रीभुवनेश्वरी शतनामस्तोत्रस्य शक्तिर्ऋषि
विराट्छन्दः श्रीभुवनेश्वरी देवता चतु-
र्व्वर्गसिद्ध्यर्थे विनियोगः।

(ॐ) आद्या श्रीभुवनाभव्या, भवबन्धविमोहिनी।
भगरूपा भगवती भेरण्डा भाग्यशालिनी ॥ ३ ॥
ईश्वरी ईश्वरानन्दा वन्दनीया विलासिनी।
उमा ऊमा च[1] उन्मत्ता इन्दिरा इन्द्रपूजिता ॥ ४ ॥
ऊर्द्ध-तेजस्विनी ऊर्द्धा ऊर्द्धगा ऊर्द्धरूपिणी।
नन्दिनी नन्दमथिनी नन्दा नन्दकरूपिणी ॥ ५ ॥
नित्या च निष्कलङ्का च निर्म्मला मलनाशिनी।
निरीहोल्लासिनी नत्या निर्म्मला नित्यनूतना[2] ॥ ६ ॥
निशुम्भनाशिनी चैव तथा शुम्भविनाशिनी।
शुक्लरूपा च शुक्लार्हा शाम्भवी शम्भुवल्लभा ॥ ७ ॥
शिवाख्या शिवरूपा च शिवपूज्या शिवार्च्चिता।
शिववादा[3] च श्यामा च श्यामाङ्गी श्याममूर्त्तिका ॥ ८ ॥

१ ऊशब्देनात्र शिव उच्यते तेन तस्य माता इत्यर्थः। "उमा ऊमा" इत्यत्र "उमारूपा इति क्वचित् पुस्तके पाठः।

२ "नूतना" इत्यत्र 'सुत्तमा" इति क्वचित् पुस्तके पाठः। क्वचिच्च "निर्लज्जा निर्घृणा निद्रा निश्चला निरुपद्रवा"। इत्यधिकः श्लोकार्द्धं दृश्यते।

३ "शिववादा" इत्यत्र शववादा" इति क्वचित् पुस्तके पाठः, तस्यार्थस्तु शवेन सह वादः कथोपकथनं यस्याः, अथवा शवः शिवरूपः शव इति तात्पर्य्यम्।

शोभा च सुभगा चैव शोभना भुवनेश्वरी।
रक्ताङ्गी रक्तनयना रक्ताक्षी रक्तलोचना ॥ ९ ॥
रेवती रुक्मिणी राधा रौद्री रामा रजोगुणा।
रम्या च रमणीया च रामक्रीड़ावती तथा ॥ १० ॥
रामार्च्चिता रामपूज्या रङ्गिनी रामवल्लभा[1]।
रक्ताक्षी रक्तहास्या च रुधिरा रुधिरप्रिया ॥ ११ ॥
रक्तारत्नमयी राज्ञी रसयुक्ता रसप्रिया।
रसमाला रसमयी तथा रसवती रतिः ॥ १२ ॥
रूपमाला रूपवती रूपाङ्गदविभूषणा।
रेणुका रेत[2] रूपा च रसरूपा रसाश्रया[3] ॥ १३ ॥
भागीरथी तथोन्नासा[4] वशिनी वेशरूपिणी।
रेवा च शाम्भवी चैव मृदापारण[5] पण्डिता ॥ १४ ॥
शतनाम इदं देवि कथितं भक्तितस्तव।
गुह्याद् गुह्यतरं गुह्यं कलिकालस्य सम्मतम् ॥ १५ ॥
अष्टोत्तरशतं जप्त्वा दशधा वापि सुन्दरि।
पठित्वा फलमाप्नोति अयुतं वरवर्णिनि ॥ १६ ॥
अयुतावर्त्तनाद्देवि चाश्वमेधफलं लभेत्।
गोमेधशतयज्ञानां फलमाप्नोति निश्चितम् ॥ १७ ॥
प्रपठेद् यदि शुद्धात्मा स्वकीयस्त्रीषु संरतः।
वामभागे स्त्रियं स्थाप्य धूपामोद सुगन्धितः ॥ १८ ॥
ताम्बूल-पूरितमुखो यदि स्याज्जपतत्परः।
यद्यप्यदीक्षिता नारी दूरतः परिवर्जयेत् ॥ १९ ॥
दीक्षिता-परनारीषु यदि मैथुनमाचरेत्।
न बिन्दोः पातनं कार्य्यं कृते च ब्रह्महा भवेत् ॥ २० ॥

---

१ रामशब्देनात परशुरामः, बलरामः, श्रीरामस्य यथायथं ज्ञेयम्।
२ सर्व्वसान्ता अप्यदन्ता इति नियमात् रेतः शब्दस्य रेतरूपता।
३ रसाश्रया'' इत्यत्र "रसप्रिया'' इति क्वचित् पुस्तके पाठः।
४ "उन्नासा'' इत्यत्र ''उन्नासा'' इति क्वचित् पुस्तके पाठः।
५ "मृदापा" इत्यत्र ''वसुधा'' इति क्वचित् पुस्तके पाठः। मृदापारणं मृत्तिकाविदारणमित्यर्थः।

यदि न प्रपतेद्बिन्दुः परनारीषु पार्व्वति।
सर्व्वसिद्धीश्वरो भूत्वा विहरेत् क्षितिमण्डले ॥ २१ ॥

इति श्रीकालीविलासतन्त्रे श्रीभुवनेश्वरी शतनामस्तोत्रं समाप्तम्।

ॐ तत्सदित्यादि।

न मद्यं प्रपिबेद्देवि कलिकाले कदाचन।
पीत्वा पीत्वेति वचनं सत्यत्रेतादि सम्मतम् ॥ २२ ॥
पीत्वा मद्यं कलौ देवि ब्रह्महत्या पदेपदे।
नामाक्षरात् समुद्धृत्य कथितो नाम निर्णयः ॥ २३ ॥
सत्यत्रेता परार्द्धे तु प्रजपेन्मद्यशोधनम्[1]।
न कलौ शोधनं मद्यं नास्ति नास्ति वरानने।
न कर्त्तव्यं कलौ मद्यपानञ्च नगनन्दिनि ॥ २४ ॥

इति श्रीकालीविलासतन्त्रे देवदेवीसंवादे दशमः पटलः समाप्तः।

---

1 "प्रजपेन्मद्यशोधनम्" इत्यत्र "प्रशस्तं मद्यशोधनं" इति पाठान्तरम्।

अथ एकादशः पटलः ।

श्रीदेव्युवाच ।

महात्रिपुरसुन्दर्य्याः शतनामानि साम्प्रतम् ।
कथयस्वा मे, दया नाथ यद्यप्यस्ति तदा मयि ॥ १ ॥

श्रीतामस उवाच ।

शृणु चार्व्वङ्गि वक्ष्यामि सावधाना-वधारय ।
यन्नोक्तं सर्व्वतन्त्रेषु अधुना निगदामि ते ॥ २ ॥

अस्य श्रीत्रिपुरसुन्दरी-शतनाम-स्तोत्रस्य परं
ब्रह्मऋषिर्गायत्रीच्छन्दो महात्रिपुर-
सुन्दरी देवता धर्म्मार्थ-काम-
मोक्षेषु विनियोगः ।

(ॐ) महामाया महादेवी मेनका मेघगर्ज्जिनी ।
मोहिनी हरिणाक्षी च हारिणी हरवल्लभा ॥ ३ ॥
हरिपूज्या हराराध्या हेरा हेमवती हरा ।
हेमरूपा च हेमा च हेमाभरणभूषिता ॥ ४ ॥
रुक्मिणीरङ्गरूपा च राधा वृन्दावनेश्वरी ।
बलावलवती बाला बालिका वेशधारिणी ॥ ५ ॥
वयस्था वेशधा चैव विद्या श्रीविष्णुपूजिता ।
वियद्गङ्गा व्योमगङ्गा विशाला विश्वमोहिनी ॥ ६ ।
रङ्गिणी रङ्गणीया च रणभूमिकृतालया ।
पूता पवित्रा परमा परा पुण्याविभूषणा ॥ ७ ॥
पुण्यनाम्नी पापहन्त्री पापारिः पापनाशिनी ।
पुण्यदा पुण्यकीर्त्तिश्च पुण्यश्लोका च पावनी ॥ ८ ॥
रूपमाला रूपवती रसावेशपरिच्छदा ।
रमणी रमणीया च रुक्ममाला विभूषणा ॥ ९ ॥
रसरूपा रसोल्लासा रसानघपरिच्छदा[1] ।
रम्भारामा च रम्या च रमणी रामपूजिता ॥ १० ॥

---

१ "रसानघपरिच्छदा" इत्यत्र रसालयपरिच्छदा" इति पाठः क्वचित् पुस्तके ।

सौभाग्या सुवशासाध्वी सत्यासत्यस्वरूपिणी।
त्रिगुणात्रिगुणाराध्या त्रिवेदी त्रिगुणेश्वरी ॥ ११ ॥
त्रिमूर्त्तिस्त्रिदशाराध्या त्रयीत्रिदिवसुन्दरी।
सुखदा सुमुखी सुभ्रु: सुवेशी वेशधारिणी ॥ १२ ॥
आनन्दा नन्दिनी नन्दा परमानन्दरूपिणी।
ईश्वरी ईश्वराराध्या रक्तपद्मसमप्रभा ॥ १३ ॥
राकारम्या रक्तदेहा रमणी ब्रह्ममोहिनी।
योगिनीनां स्वरूपा च ब्रह्माण्डजननी परा ॥ १४ ॥
नामाक्षरात् समुद्धृत्य दशनाम इतीरितम्।
छन्दोऽस्य च प्रवक्ष्यामि शृणु पार्व्वति सारदे[२] ॥ १५ ॥

अस्य श्रीत्रिपुरसुन्दरी शतनामस्तोत्रस्य परं
ब्रह्मऋषि: श्रीमहात्रिपुरसुन्दरी देवता-
धर्म्मार्थ-काममोक्षेषु विनियोग:।

दशधा मन्त्रमुच्चार्य्य ततश्छन्द: पठेत्सुधी:।
तत: स्तोत्रं पठित्वा तु सर्व्वसिद्धीश्वर: काली ॥ १६ ॥
भवत्येव न सन्देह: त्रिसन्ध्यं कमलेक्षणे।
लक्षावर्त्तनमात्रेण अष्टैश्वर्य्यमयो भवेत् ॥ १७ ॥
मद्यञ्च मैथुनं भद्रे परयोनौ परित्यजेत्।
परयोनौ महेशानि रेत: पातञ्च वर्ज्जयेत् ॥ १८ ॥
रेत: पातान्मद्यपानात् सिद्धिहानि: पदे पदे ॥ १९ ॥

इति श्रीकालीविलास-तन्त्रे त्रिपुरसुन्दरी शतनाम स्तोत्रं समाप्तम्।

ॐ तत्सदित्यादि।

इति श्रीकालीविलास-तन्त्रे एकादशपटल: समाप्त:।

---

२ "सारदे" इत्यत्र "सादर" इति क्वचित् पुस्तके पाठ:।

अथ द्वादशपटलः ।

श्रीदेव्युवाच ।

शृणु पार्व्वति वक्ष्यामि शतनाम शुभानि च ॥ १ ॥

अस्य श्रीशतनाम स्तोत्रस्य श्रीसदाशिव ऋषि-
र्गायत्रीच्छन्दः श्रीतारादेवता चतु-
र्वर्गसिद्धये विनियोगः ।

अद्वैतरूपिणी आद्या असिता अणिमा तथा ।
अम्बिका चापरा चैव अपर्णा अलिनीति च ॥ २ ॥
अलम्बुषा अघोरा च अक्रूरा घोररूपिणी ।
शोभा च सुखदा सत्या सदा सन्तोषकारिणी ॥ ३ ॥
सीमन्तिनी इडा चैव अलङ्का पिङ्गला तथा ।
दलिताञ्जनसंकाशा तारिणी तरुणीक्षणा ॥ ४ ॥
तापसी तपनाराध्या तारा च तरलेक्षणा ।
तुरीया तीर्थरूपा च कारिणी रागरूपिणी ॥ ५ ॥
विष्णुशक्तिः सादाराध्या सर्व्वशक्तिः सदार्च्चिता ।
महेशशक्तिर्म्माहेशी नानामुणिगणार्चिता ॥ ६ ॥
रागिणी रेणुकारम्या रक्तपद्मदलेक्षणा ।
रामशक्ती रामपूज्या नित्या श्रीरामचर्च्चिता ॥ ७ ॥
रत्नरङ्गा रणाध्यक्षा रणधीरा रणाग्रणीः ।
कृष्णवर्णा कृष्णपूज्या कृष्णशक्तिः करालिनी ॥ ८ ॥
धनुर्द्धरा च धानुष्की धन्या धर्म्मप्रदायिनी ।
कलुषघ्ना पापहरा पापारिः पापनाशिनी ॥ ८ ॥
पापरूपा च निष्पापा अकलङ्का कलङ्किनी ।
कलङ्कनाशिनी काली कलिकल्मषनाशिनी ॥ १० ॥
गङ्गा च यमुना चैव तथा गोदावरीति च ।
नर्म्मदा सिन्धुरूपा च कावेरी पुष्करा तथा ॥ ११ ॥
सुन्दरी भैरवी भव्या मातङ्गी वगलामुखी ।
कैलासवासिनी नित्या कालरात्रिः कपालिका ॥ १२ ॥

काशीप्रयागरूपा च कौमारी कौषिकी तथा।
क्रोधरूपा च अक्रोधा खेला हेला हलाहला ॥ १३ ॥
शतनाम च ते भक्त्या तारायाः परिकीर्त्तितम्।
अष्टोत्तरशतं जप्त्वा दशधावा वरानने ॥ १४ ॥
ततः स्तवं पठित्वा वै सर्वसिद्धीश्वरो भवेत्।
त्रिसन्ध्यं यः पठेन्नित्यं कलिकालस्य सम्मतम् ॥ १५ ॥
अष्टसिद्धीश्वरो भूत्वा विहरेत् क्षितिमण्डले।
पूजाकाले निशीथे वा पठित्वामुक्तिमाप्नुयात् ॥ १६ ॥

इति श्रीकालीविलास-तन्त्रे श्रीतारा-शतनाम-स्तोत्रं समाप्तम्।

ॐ तत्सदित्यादि।

इति श्रीकालीविलास-तन्त्रे द्वादशपटलः समाप्तः।

अथ त्रयोदशपटलः ।

श्रीवामदेव उवाच ।

शृणुत्वं शतनामानि भैरव्याः प्राणवल्लभे ।
यस्याः प्रसादमात्रेण महासम्पद्भवेत् कलौ ॥ १ ॥

अस्य श्रीभैरवी शतनाम स्तोत्रस्य श्रीईश्वरऋषि
गायत्रीच्छन्दः श्रीभैरवी शक्तिर्भैरवी देवता
धर्मार्थकाममोक्षार्थे विनियोगः ।

(ॐ क्रीं) भैरवी भगिनी भद्रा भवानी भव चर्चिता ।
भुवना भुवनेशानि नानाभरणभूषिता ॥ २ ॥
भवेशी-भार्गवाराध्या भुवनानन्दकारिणी ।
भगिनी भागिनी भव्या भावनीया भयापहा ॥ ३ ॥
भोगेश्वरी भोगरूपा भवदुःखवियोगिनी ।
भयङ्करी भयहरा भव दुःखभयापहा ॥ ४ ॥
गौराङ्गी दीर्घनयना चतुर्बाहुधराम्बिका ।
सुकेशी दीर्घकेशी च कटाक्षी विशिखोज्ज्वला ॥ ५ ॥
रङ्गीरङ्गमयीरङ्गा देहानन्दमयी तथा ।
रङ्गणीया शिवाराध्या रङ्गलीला शिवार्चिता ॥ ६ ॥
रामपूज्या रणाचार्या रकारवर्णरूपिणी ।
रक्तधूलिपरिच्छिन्ना राज्ञी रोगविनाशिनी ॥ ७ ॥
रौद्री रौद्रस्वरूपा च रुद्रमूर्त्तीरणाग्रणीः ।
अरुणादित्यवर्णाभा रक्तपद्मदलेक्षणा ॥ ८ ॥
रुक्माङ्गदपरिच्छिन्ना रुक्ममालाविभूषिता ।
ब्रह्मपूज्या विष्णुपूज्या रुद्रपूज्या तथेश्वरी ॥ ८ ॥
सदार्चिता सदाराध्या महेश-पूजिता मही ।
मालामध्युमयी माला मानार्हा मानदायिनी ॥ १० ॥
वेदाग्री वेदसारा च बालार्कसदृशीति च ।
विधाता विफला वेद-रूपिणी विष्णुरूपिणी ॥ ११ ॥
वेदान्तरूपिणी विद्या तथा वैकुण्ठरूपिणी ।
ब्रह्मण्डरूपिणी रक्षा रूपिणी ब्रह्मरूपिणी ॥ १२ ॥

वसुदा सुमहावाला वेदरूपा विनोदिनी ।
कालिका च धराधात्री रौद्री च विश्वरूपिणी ॥ १३ ॥
विरूपाक्षी विशालाक्षी विशाला विषमा विधुः ।
विद्यावती रसवती वलावलवती वधूः ॥ १४ ॥
वैश्वानरीविशाखा च वैशदेशस्वरूपिणी ।
रञ्जनी रङ्गिणी रम्या रामा रासस्वरूपिणी ॥ १५ ॥
रामा श्रीसारसोन्मत्ता रसरूपा रसप्रदा ।
राधिका रामरूपा च राध्या रामार्त्ति नाशिनी ॥ १६ ॥
शतनाम स्तोत्रमिदं यः पठेत् शिवमन्दिरे ।
पठित्वा पाठयित्वा वा सर्वसौभाग्य माप्नुयात् ॥ १७ ॥
त्रिसन्ध्यं यः पठेन्नित्यं भक्त्या द्विवत्सरावधि ।
सर्वसिद्धीश्वरो भूत्वा गाणपत्यं लभेतसः ॥ १८ ॥

इति श्रीकालीविलास-तन्त्रे श्रीभैरवी-शतनाम स्तोत्रं समाप्तम् ।

ॐ तत्सदित्यादि ।

इति श्रीकालीविलास-तन्त्रे त्रयोदशपटलः समाप्तः ।

अथ चतुर्दशपटलः ।

श्रीदेव उवाच ।

अतःपरं प्रवक्ष्यामि सामान्यं कलिपूजनम् ।
यत्कृत्वा साधको याति दुर्लभं ब्रह्ममन्दिरम् ॥ १ ॥

श्रीदेव्युवाच ।

पृच्छाम्येकं महाभाग योगीन्द्रवृषभध्वज ।
कलौ लोका महाभाग लालसावृत्तिसंवृताः ॥ २ ॥

श्रीअघोर उवाच ।

सामान्यं शृणु हे देवि पूजनं कलिदुर्लभम् ।
मूलाधारे स्मरेद्दिव्यं त्रिकोणं तेजसां निधिम् ॥ ३ ॥
नीचां स्थावरवत्तन्वीं पीतां भास्वदनुत्तमाम् ।
त्रिकोणान्तर्गतां नित्यां वलया कारकरूपिणीम् ॥ ४ ॥
स ब्रह्मा स शिवः साक्षात् स शूरः परमोत्तमः ।
स एव विष्णुः स प्राणः स कालाग्निः स चन्द्रमाः ॥ ५ ॥
कुलकुण्डलिनीं ध्यात्वा सर्वपापैः प्रमुच्यते ।
महा महापातकेभ्यः पूतो भवति तत्क्षणात् ॥ ६ ॥
अष्टोत्तरशतं जप्त्वा दशधा वा जपेद् यदि ।
पूर्णपूजाफलं प्राप्य परं ब्रह्माधिगच्छति ॥ ७ ॥
गोशृङ्गे सर्षपं देवि यावत्तिष्ठति निश्चलम् ।
तावत्कालमनोनीत्वा मनुब्रह्मजपेद् यदि ॥ ८ ॥
स एव पूजकश्रेष्ठोऽश्वमेधफलं लभेत् ।
कटाक्षमात्रतो देवि स्वर्गमोक्षमवाप्नुयात् ॥ ९ ॥
इति ते कथिता पूजा कलौ श्रीनगनन्दिनि ।
परे च विष्णुमन्ते च दशविद्यासु संयुता ॥ १० ॥
जपकाले मनोः स्थानं कथं वास्या वरानने ।
कोटिविद्युल्लताकार बिन्दुमध्ये च भावना ॥ ११ ॥

विज्ञाय सप्तभगिनीः सप्तमः प्रजपेद् यदि ।
तदैव जायते सिद्धिर्गुरौ भक्तिर्भवेद् यदि ॥ १२ ॥
कामिनी क्रोधिनी चैव क्षोभिनी मोहिनी तथा ।
शाकिनी मदिनी चैव तथा मात्सर्य्यरूपिणी ॥ १३ ॥
क्षमया सह चार्व्वङ्गि पूजनं कुरुयत्नतः ।
इति ते कथितं सर्व्वं गृहिणां कालिसम्मतम् ॥ १४ ॥

इति श्रीकालीविलास-तन्त्रे चतुर्द्दशपटलः समाप्तः ।

अथ पञ्चदशपटलः ।

श्रीतत्पुरुष उवाच ।

अतःपरं प्रवक्ष्यामि मोहनं कलिसम्मतम् ।
तथा वशीकरं मन्त्रं कलिकालेष्टदं शुभम् ॥ १ ॥
गुह्याद् गुह्यतरं गुह्यं प्रज्ञताख्यान-सम्मतम् ।
संस्कृताख्यान संयुक्तं यद्वशीकरणं शृणु ॥ २ ॥
'ॐ नमः फट् विकटं घोररूपिणि देवदत्ते स्वाहा" ।
सप्ताभिमन्त्रितं कृत्वा यन्नाम्ना भक्षयेन्नरः ॥ ३ ॥
ग्रासं कृत्वा भक्तमन्नं शीघ्रं सिद्धिप्रदायकम् ।
स वश्यो जायते देवि शतदिनावधि ध्रुवम् ॥ ४ ॥
"ॐ वश्यत्वं वा राजत्वं वा स्वाहा" इति मन्त्रेण
सप्तधा मुखप्रोक्षणम् ।
प्रातःकाले च कृत्वा वै प्रत्यहं कमलानने ।
वश्याभवन्ति लोकाश्च यावज्जीवश्च भूतले ॥ ५ ॥
"ॐ राजमुखि वश्यमुखि स्वाहा" इति मन्त्रेण
शृणु हे तैलमोक्षणम् ।
संस्थाप्य सार्षपं तैलं वामहस्ते वरानने ।
अनामया त्रिधामन्त्र्य पुनर्मूलं त्रिधापठेत् ॥ ६ ॥
लेपयेन्मुखकेशादौ शय्यायां नगनन्दिनि ।
तन्मन्त्रं शृणु चार्व्वङ्गि ब्रह्माण्डमोहनं परम् ॥ ७ ॥
ॐकारं पूर्व्वमुच्चार्य्य क्लीँकारं तदनन्तरम् ।
श्रीँकारश्च ततो देवि इति मोहनमीरितम् ॥ ८ ॥

श्रीदेव्युवाच ।

स्वाहा प्रणवसंयुक्तं शूद्रोमन्त्रं कथं जपेत् ॥ ९ ॥

श्रीदेव उवाच ।

तन्त्रोक्तं प्रणवं स्वाहा प्रशस्तं शूद्रजातिषु ।
अथवा प्रणवस्थाने दीर्घप्रणवमीरितम् ॥ १० ॥

वह्निजायास्थले माया प्रशस्ता न च दूषिता ।
इति ते कथितं भद्रे मोहनस्य वशीकरम् ॥ ११ ॥
शीघ्रसिद्धिप्रदां विद्यां अपभाषां शृणु प्रिये[1] ॥ १२ ॥
"मुखेर् रसे अमृत चक्षुर रसे, काममोर् मोहने
जगत्‌संसार् मोह, मुद्रवट राजा श्रीराम
हय, सिद्धिगुरुर् पा, श्रीरामेर आज्ञा ।
चक्षुर् पिचलि, मुखेर् आप्, येना-
करे मा वाप्" ।
अपभाषान्तरं वक्ष्ये सावधानावधारय ॥ १३ ॥
"त्रिपथ्या त्रिपथेर्धूलि, ईश्वरोर नाम मात्रधूलि,
शिरे दिया वाज घरे याय परे पाय । दुष्-
वनेर् कटे तापाये दारधूलि शिरे चरे,
अमुक आसिया पायपरे श्रीरामेर
आज्ञा ।"

इति श्रीकालीविलासतन्त्रे पञ्चदशपटलः समाप्तः ।

---

१ इतः परं एतत् पटलशेषपर्य्यन्तं क्वचित् पुस्तके नास्ति ।

अथ षोड़शपटलः ।

श्रीदेव्युवाच ।

वगला शतनामानि कथयस्वां मे कृपानिधे ।
यन्नोक्तं अन्यतन्त्रेषु, अधुना कथय प्रभो ॥ १ ॥

श्रीईश्वर उवाच ।

अस्याः श्रीवगला देव्याः शतनाम स्तोत्रस्य
श्रीसदाशिवऋषिर्गायत्रीछन्दः श्रीवगला-
मुखी देवता धर्म्मार्थकाममोक्षार्थ-
सिद्धये विनियोगः ।

(ॐ) वशिनी वशपूज्या च वलिका वसुदा वसुः ।
वाग्वादिनीवयोरूपा वलावलवती तथा ॥ २ ॥
विषमा विकटा वेधा विशाला विमना विधिः ।
विद्या च वेदरूपा च वन्ध्या च वेशधारिणी ॥ ३ ॥
वेणी च विकटा वेश्या नानावेश परिच्छदा ।
वयो रूपा च वृद्धा विकला वसुमतीति च ॥ ४ ॥
वगला वामनी देवी विष्णु पूज्या विनोदिनी ।
वैष्णवी शिष्णु माता च वाराही ब्राह्मणी वरा ॥ ५ ॥
वलावलवती वाला विधेश्च परिपूजिता ।
विशिष्टा ब्रह्मपूज्या च नानावेश विनोदिनी ॥ ६ ॥
वैकुण्ठरूपिणी ब्राह्मी विधिपूज्या विधुन्तुदा ।
वल्लभा वलरूपा च अशेष वलधारिणी ॥ ७ ॥
वेदज्ञा वेदमाता च विशाल नयनोज्ज्वला ।
वेदमाता विमाता च वेदगर्भा विमोक्षणी ॥ ८ ॥
विरूपाक्षी वला वाली कृष्णविमलरूपिणी ।
वाराही च वलाका च वलिनी वर्णरूपिणी ॥ ८ ॥
गन्धिनी गन्धरूपा च गयागङ्गाप्रभा तथा ।
गोवर्द्धनी च गोविन्द-पूजिता च गदाधरी ॥ १० ॥

गह्वना गुह्यरूपा च गोरूपा गोकुलेश्वरी ।
गोलोकवासिनी चैव नित्या गोलोकरूपिणी ॥ ११ ॥
गरिमा च गरिष्ठा नित्या गोवर्द्धनरूपिणी ।
गङ्गाधरी च गोविन्दा गोविन्द-पूजिता गदा ॥ १२ ॥
गह्वना गुह्यरूपा च तथैव गन्धरूपिणी ।
गणार्हा गानदागानरूपिणी गण मोहिनी ॥ १३ ॥
नीलमाला मनोभक्ता ललजिह्वा ललाटिनी ।
आनन्दरूपिणी आद्या आचार्य्य—स्वांशुरूपिणी ॥ १४ ॥
मूर्त्तिश्च मुख्यरूपा च महामोक्षप्रदायिनी ।
खेलत् खञ्जनगामी च खेला खलखला तथा ॥ १५ ॥
ईश्वरी ईश्वराराध्या अकारा ॐ स्वरूपिणी ।
वर्णी च वगलामुख्याः शतनाम इतीरितम् ॥ १६ ॥
अष्टोत्तरशतं नाम यः पठेन्नित्यमुत्तमम् ।
सर्व्वसिद्धीश्वरो भूत्वा देवीपुत्रो भवेत्तुसः ॥ १७ ॥
त्रिसन्ध्यं यः पठेन्नित्यं तस्य सिद्धिः प्रजायते ।
नान्यथा फलभागीस्यात् कल्पकोटिशतैरपि ॥ १८ ॥

इति श्रीकालीविलासतन्त्रे श्रीवगलामुख्याः शतनामस्तोत्रं समाप्तं ।

ॐ तत्सदित्यादि ।

इति श्रीकालीविलास-तन्त्रे षोड़शपटलः समाप्तः ।

अथ सप्तदशपटलः ।

श्रीतामस उवाच ।

मातङ्गी शतनामानी-दानीं कलिमते शृणु ।
यस्य प्रसादा दीशोऽहं पार्व्वति प्राणवल्लभे ॥ १ ॥

अस्य श्रीमातङ्गी शतनामस्तोत्रस्य श्रीब्रह्मा ऋषि
गायत्रीच्छन्दः श्रीमातङ्गी देवता चतुर्व्वर्ग
सिद्धये विनियोगः ।

(ॐ) माधवी मथुरा मत्ता माननीया मदोद्धता ।
मान्या च मानदात्री च मनीषा मानमोहिनी ॥ २ ॥
मथुरा माधवी मध्या मानसी मनमोहिनी ।
माधुरा मानयोग्या च मत्तमातङ्गगामिनी ॥ ३ ॥
मेनका मानवी मेधा मदना मदनोत्तरा ।
मत्ता प्रमत्ता मदना मोदना मदनोद्धता ॥ ४ ॥
माननी मानयोग्या च मेखला मनमोहिनी ।
मनोरूपा उन्मनी च माषामेधामदोद्धता ॥ ५ ॥
निमेषा निर्निमेषा च मानगी मथुरा तथा ।
मदमत्ता महामत्ता मानदा मधुसूदनी ॥ ६ ॥
मतिर्माता महालक्ष्मीर्नित्या मदनपीड़िता ।
मेघविद्युत्प्रभाकाशा मेघानन्दप्रवर्द्धिनी ॥ ७ ॥
मदना मदरूपा च मुनिगुह्या मुनिस्तुता ।
अर्थ रूपा महामेधा माया मत्ता स्वरूपिणी ॥ ८ ॥
मुकुन्दपूजिता मौनी मौनव्रतपरायणा ।
मेधा मेधावती मध्या मदना मदनातुरा ॥ ९ ॥
मानुषी च मनोरूपा महामोहस्वरूपिणी ।
तरणी तरुणी तारा तारिणी तरलेक्षणा ॥ १० ॥
तुरीया च तथा तुष्या तुल्या च तामसी तिथिः ।
तीर्थातीर्थमयी तीर्थ रूपिणी तामसान्तरा ॥ ११ ॥
तपस्या तापसी तापा तपना तुलना इति ।
गोलोकवासिनी गम्या गुणज्ञा गुणरूपिणी ॥ १२ ॥

गौरी च गोपिनी गौरा गामागामस्वरूपिणी ।
गिरीशा गिरिशा गन्धा गगणा गगणेश्वरी ॥ १३ ॥
ईकाररूपिणी नित्या ईश्वरी ईश्वरप्रिया ।
सङ्क्षेप इति ते देवि शतनाम इतीरितम् ॥ १४
त्रिसन्ध्यं यः पठेन्नित्यं तस्य सिद्धिर्न संशयः ॥ १५ ॥

इति श्रीकालीविलास-तन्त्रे श्रीमातङ्गी शतनाम-स्तोत्रं समाप्तम् ।

ॐ तत्सदित्यादि ।

इति श्रीकालीविलास-तन्त्रे सप्तदशपटलः समाप्तः ।

अथाष्टादशपटलः ।

श्रीदेव्युवाच ।

देव देव महादेव संसारार्णवतारक ।
पृच्छाम्येकं महाभाग कृपया कथयप्रभो ॥ १ ॥
ध्यानञ्च कार्त्तिकेयस्य तथा मन्त्रं जगत्पते ।
ध्यानञ्च विजया देव्या जया देव्या वदप्रभो ॥ २ ॥
मयूरवाहनं तस्य, गणेशस्य च मूषिकम् ।
शरत्कालीन महिम्याः पूजनञ्च कथं प्रभो ॥ ३ ॥
कालिकायाः पुराणेषु तथा देवीमते प्रभो ।
पूजनं कार्त्तिका दीनां न च कुत्रापि संश्रुतम् ॥ ४ ॥

श्रीसद्योजात उवाच ।

साधुपृष्टं सुराराध्ये धन्यासि सुरवन्दिते ।
शृणु हे शारदीं पूजां कालिविलाससम्मताम् ॥ ५ ॥
शृणु ध्यानं प्रथमतः कार्त्तिकेयस्य सङ्गतम् ।
सुतप्त कनकप्रख्यं खड्गपत्तिधरं परम् ॥ ६ ॥
सोष्णीश मस्तकं देवं मयूरवरवाहनम् ।
ब्रह्माण्डाभ्यन्तरे वीरं विष्णु ब्रह्मशिवात्मकम्[1] ॥ ७ ॥
ध्यात्वापाद्यादिकं दत्त्वा दशधा प्रजपेन्मनुम् ।
शृणुमन्त्रं प्रवक्ष्यामि कार्त्तिकस्य यथोचितम् ॥ ८ ॥
(ॐ)"गुहाय कार्त्तिकाय सेनापतये स्वाहा" ।
चतुर्द्दशाक्षरी विद्या कार्त्तिकस्य हीतिरिता ॥ ९ ॥
प्रतिमायां हृदिस्थाने दत्त्वाङ्गुष्ठं सुलोचने ।
दशधामन्त्रमुच्चार्य्य प्राणन्यासस्तदा भवेत् ॥ १० ॥
जया ध्यानं प्रवक्ष्यामि चातिगुह्यं सुलोचने ।
तप्त काञ्चन सङ्काशां द्विभुजां लोललोचनाम् ॥ ११ ॥
कटाक्षविशिखो पेतां दिव्याम्बरपरिच्छदाम् ।
दिव्याभरणसंयुक्तां ध्यायेत्तां सिद्धिदायिनीम् ॥ १२ ॥

१ विष्णु ब्रह्म शिवात्मकं इत्यत्र ब्रह्म विष्णु शिवात्मकं इति पाठान्तरम् ।

ध्यात्वा पाद्यादिकं दत्त्वा संपूज्यप्रजपेन्मनुं ।
तन्मन्त्रं शृणु चार्व्वङ्गि-जपात् सिद्धीश्वरो यतः ॥ १३ ॥

"क्रीँ क्रीँ जयायै क्रीँ क्रीँ"

सप्ताक्षरी महाविद्या जयायाः परिकीर्त्तिता ।
मायाद्वयं जयाङेन्ता पुनर्मायाद्वयं प्रिये ॥ १४ ॥
अधुना संप्रवक्ष्यामि विजया तनु[1]मुत्तमम् ।
दलिताञ्जनसंकाशां द्विभुजां खञ्जनेक्षणाम् ॥ १५ ॥
कटाक्षविशिखोद्दीप्तां अञ्जनान्वित लोचनाम् ।
दिव्याम्बरपरीधानां गानयन्त्र विभूषणाम्[2] ॥ १६ ॥
ध्यायेत्तां विजयां नित्यां सर्व्वसिद्धिप्रदायिनीम् ।
ध्यात्वा पाद्यादिकं दत्त्वा दशधा प्रजपेन्मनुम् ॥ १७ ॥
शृणु मन्त्रं प्रवक्ष्यामि महादेव्याः सुसिद्धिदम्[3] ।

"ऐँ क्रीँ विजये क्रीँ ऐँ"

सप्ताक्षरी महाविद्या विजयायाः प्रकीर्त्तिता ।
विजया हृदयेऽङ्गुष्ठं दत्त्वा मन्त्रं जपेद् यदि ॥ १८ ॥
प्राणसिद्धिस्तदा देवि जायते नात्रसंशयः ।
रहस्यं शृणु वक्ष्यामि मयूरस्य यथोचितम्[4] ॥ १८ ॥
नानाचित्र विचित्राङ्गं गरुडाञ्जननं तव[5] ।
अनन्तशक्तिसंयुक्तं बाला—हेर्भक्षणं ततः ॥ २० ॥
गरुडस्त्वं महाभाग सदात्वां प्रणमाम्यहम् ।
ध्यात्वा पाद्यादिकं दत्त्वा चैकधा मन्त्रमुच्चरेत् ॥ २१ ॥
तन्मन्त्रं शृणु वक्ष्यामि मयूरस्य यथोचितम् ।

क्रीँ मं मयूराय क्रीँ

माया मं मयूरायेति पुनर्माया सुलोचने ॥ २२ ॥

---

१ "विजया तनुमुत्तमं" "विजया मनुमुत्तमम्" इति पाठान्तरं तनुशब्देन मनुशब्देन वा अत्र ध्यानं लक्ष्यते ।

२ गानयन्त्र इत्यत्र पानयन्त्र इति पाठान्तरम् ।

३ "महादेव्याः" इत्यत्र "महामन्त्रं इति पाठान्तरम् ।

४ यथोचितं इत्यत्र यथोदितं इति पाठान्तरम् ।

५ तव इत्यत्र तत तव इति पाठान्तरम् ।

सप्ताक्षरं महामन्त्रं हृदये प्रजपेद् यदि ।
प्राणसिद्धिस्तदा देवि मयूरस्य भवेद् ध्रुवम् ॥ २३ ॥
अधुना संप्रवक्ष्यामि रहस्यं मूषिकस्य च ।
वृषाकार महाकाय वृषरूप महाबल ॥ २४ ॥
धर्म्मरूप वृषस्त्वं हि गणेशस्य च वाहनम् ।
नमस्करोम्यहन्त्वाञ्चो पूजासिद्धिं प्रयच्छमे ॥ २५ ॥
वृषाश्च जायते ह्याखुर्दुर्गातन्त्रेषु सम्मतः ।
अधुना संप्रवक्ष्यामि तन्मन्त्रञ्च यथोचितम्[1] ॥ २६ ॥
क्रीँ मूं मूषिकाय क्रीँ
माया मूं मूषिकायेति पुनर्मायेति संजपेत् ।
इति सप्ताक्षरी विद्या मूषिकस्य सुसम्मता ॥ २७ ॥
ध्यात्वा पाद्यादिकं दत्त्वा क्षिपेत् पुष्पाञ्जलित्रयम् ।
मूषिकहृदयेऽङ्गुष्ठं दत्त्वा मन्त्रं समुच्चरेत् ॥ २८ ॥
प्राणन्यासस्तदा देवि मूषिकस्य च सम्मतः ।
अधुना संप्रवक्ष्यामि सिंहस्य च यथोचितम् ॥ २९ ॥
सिंहस्त्वं हरिरूपोऽसि स्वयं विष्णुर्न संशयः ।
पार्व्वत्या वाहनं त्वं हि अतस्त्वां पूजयाम्यहम् ॥ ३० ॥
शृणु मन्त्रं प्रवक्ष्यामि सिंहस्य तन्त्रसम्मतम् ।
मायाद्वयं ततः सिंहायेति महाबलाय च ॥ ३१ ॥
पुनर्माया द्वयं देवि सिंहमन्त्रः प्रकीर्त्तितः ।
"क्रीँ क्रीँ सिंहाय महाबलाय क्रीँ क्रीँ"
एषा विद्या महादेवि सिंहस्य द्वादशाक्षरी ॥ ३२ ॥
अङ्गुष्ठं हृदये दत्त्वा सिंहस्य नगनन्दिनि ।
एकधा मन्त्रमुच्चार्य्यप्राणसिद्धिश्च जायते ॥ ३३ ॥
ध्यात्वा पाद्यादिकं दत्त्वा ह्येकधा मन्त्रमुच्चरेत् ।
इति ते कथितं देवि सिंह पूजा विधानकम् ॥ ३४ ॥

इति श्रीकालीविलास-तन्त्रे अष्टादशः पटलः समाप्तः ।

---

1 "यथोचित" मित्यत्र यथोदितमिति पाठान्तरं ।

अथोनविंशपटलः ।

अधुना संप्रवक्ष्यामि महिषस्य च पूजनम् ।
महिषस्त्वं महावीर शिवरूपः सदाशिवः ॥ १ ॥
अतस्त्वां पूजयिष्यामि क्षमस्व महिषासुर ।
ध्यात्वा पाद्यादिकं दत्त्वा हेरवधा प्रजपेन्मनुम् ॥ २ ॥
तन्मन्त्रं शृणु देवेशि स्मरणान्मुक्तिदायकम् ।
क्रौं क्रौं हं महिषायेति हं क्रौं क्रौं च ततःपरम् ॥ ३ ॥

"क्रौं क्रौं हं महिषाय हं क्रौं क्रौं"

एषादशाक्षरी विद्या भक्त्या ते परिकीर्त्तिता ।
महिषहृदयेऽङ्गुष्ठं दत्त्वामन्त्रं जपेत् सकृत् ॥ ४ ॥
प्राणन्यासो महिषस्य सहसा जायते ध्रुवम् ।
जया वामे स्थिता नित्यं विजया दक्षिणे तथा ॥ ५ ॥
वामे च कार्त्तिको देवो दक्षे गणपतिस्तथा ।
ततो लम्बोदरं स्थूलं गजवक्त्रं सुमोचनम् ॥ ६ ॥
सर्व्वदेवमयं देवं पार्व्वती—नन्दनं भजे ।
ध्यात्वा पाद्यादिकं दत्त्वा हेरकधा मन्त्रमुच्चरेत् ॥ ७ ।
तन्मन्त्रं शृणु वक्ष्यामि स्मरणान्मोक्षमाप्नुयात्[1] ।

क्रौं गं गणपतये गं क्रौं

मायां वर्णात्तृतीयञ्च नादविन्दुसमन्वितम् ॥ ८ ॥
तथा गणपतिं ङेऽन्तं विलोमेन पुनर्द्वयम् ।
एषा नवाक्षरी विद्या गणनाथेषु सम्मता । ८ ॥
गणेश हृदयेऽङ्गुष्ठं दत्त्वा मन्त्रं जपेद् यदि ।
प्राण न्यासो भवेद्देवि गणेशस्य च नान्यथा ॥ १० ॥

इति श्रीकालीविलासतन्त्रे ऊनविंशतिपटलः समाप्तः ।

---

१ माप्नुयात् सत्वर दायकं इति पाठान्तरम् ।

अथ विंशतिपटलः ।

श्रीदेव्युवाच ।

लक्ष्मी सरस्वती पूजा कृपया कथ्यतां मयि ।

श्रीवामदेव उवाच ।

या विद्या[1] प्रकृतिर्लक्ष्मीर्दुर्गा या दक्षिणे स्थिता ॥ १ ॥
तां तप्तकाञ्चनाभासां द्विभुजां लोललोचनाम् ।
कटाक्षविशिखोद्दीप्तां अञ्जनाञ्चित लोचनाम् ॥ २ ॥
शुक्लाम्बरपरीधानां सिन्दूर तिलकोज्ज्वलाम् ।
शुक्लपद्मासनगतां—ध्यायेन्नारायण प्रियाम् ॥ ३ ॥
ध्यात्वापाद्यादिकं दत्त्वा दशधा प्रजपेन्मनुम् ।
तन्मन्त्रं शृणुवक्ष्यामि सर्व्वसिद्धिप्रदायकम् ॥ ४ ॥

"क्लीं क्लीं कमलवासिन्यै क्लीं क्लीं ।"

क्लीं क्लीं कमलवासिन्यै गणेशजननि ! ततः ।
पुनः कामं तथामायां लक्ष्मीदेव्या दशाक्षरी ॥ ५ ॥
इयं दशाक्षरी विद्या ह्येकधा जपमात्रतः ।
प्राण न्यासोभवेत्तस्या अङ्गुष्ठेन च सुन्दरि ॥ ६ ॥
अधुना संप्रवक्ष्यामि सारदा—पूजनं शृणु ।
शङ्खेन्दु कुन्दसं काशां द्विभुजाब्जदलेक्षणाम्[2] ॥ ७ ॥
कटाक्षेण च सोद्दीप्तां[3] अञ्जनाञ्चितलोचनाम् ।
सिन्दूर तिलकोद्दीप्तां दिव्याम्बरपरिच्छदाम् ॥ ८ ॥
दिव्याभरण शोभाढ्यां वाक्यरूपां सरस्वतीम्[4] ।

क्लीं ऐं सरस्वत्यै क्लीं ऐं

एषा चाष्टाक्षरी विद्या जपात् सिद्धिप्रदायिका ॥ ९ ॥

---

१ विद्या इत्यत्र नित्या इति पाठान्तरम् ।

२ द्विभुजाब्जदलेक्षणां इत्यत्र द्विभुजां पद्मदलेक्षणां इति छन्दोहीनः पाठः क्वचित् पुस्तके । द्विभुजा चासौ अब्जदलेक्षणा चेति कर्म्मधारयः, तादृशीमित्यर्थः ।

३ कटाक्षेण च सोद्दीप्तां इत्यत्र कटाक्षविशिखोद्दीप्तां इति पाठान्तरम् ।

४ वाक्यरूपां सरस्वतीं इत्यत्र वाग्रूपाञ्च सरस्वतीं इति पाठान्तरम् ।

अङ्गुष्ठं हृदये दत्त्वा श्लोकधा प्रजपेद् यदि ।
प्राणन्यासस्तदा देवि जायते नात्रसंशयः ॥ १० ॥
शिवतन्त्रमतं देवि भक्तितः पूजयेत् शिवम् ।
शृणु ध्यानं प्रवक्ष्यामि ब्रह्मणः पूजनं तथा ॥ ११ ॥
अरुणादित्यसंकाशं चतुर्व्वक्त्रं चतुर्भुजम् ।
चतुर्वेदमयं देवं धर्म्मकामार्थमोक्षदम् ॥ १२ ॥
ध्यात्वा पाद्यादिकं दत्त्वा दशधा प्रजपेन्मनुम् ॥ १३ ॥

क्रीँ कं ब्रह्मणेकं क्रीँ

क्रीँ कं आदौ ब्रह्मणेकं ततः क्रीँ पुनरुच्चरेत् ।
इमं सप्ताक्षरं देवि दशधा प्रजपेद् मनुम् ॥ १४ ॥
विधायपूर्ववद्देवि ब्रह्मपूजां समापयेत् ।
इति ते ब्रह्मणः पूजा कथिता भुविदुर्लभा ॥ १५ ॥
सावित्री पूजनं भद्रे शृणुत्वं कथयामिते ।

क्रीँ सां सावित्रैस्सां क्रीँ

सप्ताक्षरमिदं मन्त्रं शृणु ध्यानं वदामिते[1] ॥ १६ ॥
प्रतप्त काञ्चनाभासां द्विभुजां लोललोचनाम् ।
दिव्याभरण शोभाढ्यां[2] दिव्याम्बरपरिच्छदाम् ॥ १७ ॥
सिन्दूरतिलकोद्दीप्तां अञ्जनाञ्चितलोचनाम् ।
ध्यात्वापाद्यादिकं दत्त्वा तां देवीं परिपूजयेत् ॥ १८ ॥
गणेश कार्त्तिकस्यापि मयूरमूषिकस्य च ।
जयाया विजया देव्याः सरस्वत्यास्तथैव च ॥ १९ ॥
कमलायास्तथा पूजा शिवस्य ब्रह्मणस्तथा ।
सावित्री पूजनं कृत्वा स च सिद्धीश्वरो भवेत् ॥ २० ॥
नवसिद्धाम्बिका पूजां कृत्वा पूजाफलं लभेत् ।
तदा दशभुजा-पूजा समस्त फलदायिका ॥ २१ ॥
अन्यथा विफला पूजा कदाचिन्नफलप्रदा ।
आदौ दशभुजा-पूजा घटस्थापनंपूर्व्वकम् ॥ २२ ॥

---

१ "सप्ताक्षरमिदं मन्त्रं शृणु ध्यानं वदामिते" इत्यत्र "ततः सप्ताक्षरमिदं शृणु देविवदाम्यहं" इति पाठान्तरम् ।

२ "शोभाढ्यां" इत्यत्र "भूषाढ्यां" इति पाठान्तरम् ।

पञ्चदेवं प्रपूज्यादौ पश्चान्महिषमर्द्दिनीं ।
ततस्तु कार्त्तिकादीनां पूजाञ्च यत्नतश्चरेत् ॥ २३ ॥
ततस्तु पत्रिका पूजा देवीपुराण सम्मता ।
सारात्सारं महेशानि चतुर्व्वर्णेषु सम्मतम् ॥ २४ ॥
इन्द्रबीजं समुद्धृत्य वामकर्णसमन्वितम् ।

ह्रीं॰ दुर्गे दुर्गे रक्षणि स्वाहा

ह्रीं॰) दुर्गे दुर्गे रक्षणीति वह्निजायावधिर्म्मनुः । १५ ।
एषा दशाक्षरी विद्या कथिता भक्तितस्तव ॥
विद्या विद्या सुचासीना सुन्दर्य्यर्द्धेन्दुसंयुता । २६ ।
विद्या पुनः समासीना सुन्दरी महिषाग्रणीः ॥
हरिता-सुरसंवेशा[1] स्मृता शङ्करसंयुता । २७ ।
वह्निजायान्तविद्यां वै शृणु देवि षडक्षरीम्[2] ।
माया बीजं समुद्धृत्य दुर्गां ङेन्तां समुच्चरेत् २८ ।

(ह्रीं॰ दुर्गायै स्वाहा)

मन्त्रबीजसमुद्धारे वह्निजायावधिर्म्मनुः ॥
गन्धिनी च सुरासीना कामपूर्व्वानमागुणा । २८ ॥
स्वाहान्ताष्टाक्षरी विद्या कथिता शृणुमादरात् ।
विद्यावत्याशु आसिना सुन्दरी महिषासना ॥ ३० ॥
अर्द्ध विन्दुसमायुक्ता दुर्गा सम्बोधनद्वयम् ।
रक्षमि च ततश्चोक्ता कामबीजं ततःपरम् ॥ ३१ ॥
आद्यबीजान्तरं ह्येषा कथिता च दशाक्षरी ।
मायया पूटितं दुर्गा सम्बोधनपदं प्रिये ॥
चतुर्वर्णा महाविद्या कथिता शूद्रजातिषु ।
इति ते कथिता पूजा कालीपुराणसम्मता ॥ ३३ ॥

१ हरितः सिंहः. असुरोमहिषासुरः तत्र संवेशः स्थितिर्यस्याः सा. सिंहे महिषासुरे च संस्थिता । इत्यर्थः ।

२ "शृणुदेवि षडक्षरीं" इत्यत्र शृणु पञ्चार्णां" शुभां" इति पाठान्तरं तत्र पञ्च शब्दस्य पञ्चमन्यनम् षट्परता ज्ञेया ।

तीक्ष्णवाणं तथा शक्तिं हस्तसंस्थे च दक्षिणे ।
सारात्सारतरा पूजा सर्व्वपूजाफलप्रदा । २४ ।
ब्रह्मपूज्या विष्णुपूज्या शिवपूज्या च सर्व्वदा ॥
यदि नोपूजयेद्देवीं शारदीं सिंहवाहिनीम् । २५ ।
संवत्सरकृता पूजा सर्व्वासा विफला भवेत् ॥
इति ते कथिता पूजा शारदी मोक्षमाप्नुयात् । २६ ।

इति श्रीकालीविलास-तन्त्रे विंशतिपटलः समाप्तः

अथ एकविंशतिपटलः ।

श्रीदेव्युवाच ।

श्रुतं महिषमर्द्दिन्याः पूजनं कलिसम्मतम् ।
कालिकादिपुराणोक्तं सर्व्वसिद्धिप्रदं शुभम् ॥ १ ॥
श्रुतञ्च सर्व्वं योगीन्द्र ध्यानं मन्त्रं दशाक्षरम् ।
दशभुजमयीं दुर्गां दलिताञ्जन सन्निभाम् ॥ २ ॥
कालिकां परमां दिव्यां श्रीकृष्णक्रोड़संस्थिताम् ।
कथयस्वदया नाथ योगध्यानप्रदप्रभो ॥ ३ ॥

श्रीअघोर उवाच ।

प्रतप्तकाञ्चनप्रख्यमर्द्दिन्या मन्त्रनिर्णयम् ।
कथयामिवरारोहे शृणु प्राणप्रिये मम ॥ ४ ॥
त्रिशूलञ्च तथा खड्गं चक्रञ्च वरवर्णिनि ।
सव्योपरि त्रिशूलञ्च तदधः खड्गमुत्तमम् ॥ ५ ॥
चक्रञ्च तदधो भद्रे बाणञ्च तदधः क्रमात् ।
तदधश्चञ्चलापाङ्गि सर्व्वशक्तिसमन्वितम् ॥ ६ ॥
शक्तिरूपं महास्त्रञ्च दर्शनात् पापनाशनम् ।
हस्तयूथेषु वामेषु शृणु चास्त्रस्य निर्णयम् ॥ ७ ॥
खेटकमूर्द्ध हस्ते च चापञ्च तदधः क्रमात्[१] ।
अङ्कुशं पाशसंयुक्तं तदधो वरवर्णिनि ॥ ८ ॥
तदधश्च तथाघण्टां तदधः परशुं शृणु ।
प्रतप्तकनकप्रख्यमर्द्दिन्यास्तत्रनिर्णयम् ॥ ८ ॥
दलिताञ्जनसङ्काशां मर्द्दिन्याः शृणु निर्णयम् ।
ऊर्द्ध हस्तेस्थितां शक्तिं तदधो[२]बाण निर्णयम् ॥ १० ॥
तदधः संस्थितं चक्रं खड्गञ्च तदधः क्रमात् ।
सव्योपरिस्थितं नित्यं त्रिशूलं परमाद्भुतम् ॥ ११ ॥
अधुना शृणु देवेशि सावधानावधारय ।

१ "क्रमात्" इत्यत्र "स्मृतं" इति पाठान्तरम् ।
२ "तदधो" इत्यत्र "ततश्च" इति पाठान्तरम् ।

शब्दस्य पातितो घण्टा गन्धाद्यैः परिपूजिता ॥ १२ ॥
तदधः संस्थितं नित्यं अङ्कुशं उन्मनीमयम्।
तदधः संस्थितं पाशं सिद्धिसूत्र परिच्छदम् ॥ १३ ॥
चापञ्च तदधो देवि तदधः खेटकं परम्।
इति ते कथितं सर्व्वं जम्बुभारतसम्मतम् ॥ १४ ॥
विपरीतं यतश्चाग्रं अन्यवर्षस्य सम्मतम्।
कामबीजं त्रिशूलञ्च खड्गं मायां तथैव च ॥ १५ ॥
चक्रं कूर्चं महेशानि बाणं वाग्भवमीरितम्।
शक्तयस्त्वञ्च श्रियाबीजं वामहस्तेवदामिते ॥ १६ ॥
खेटकं मान्मथं बीजं चापमङ्कुशमीरितम्।
अङ्कुशञ्च तथापाशं कन्दर्पराजमीरितम् ॥ १७ ॥
याघण्टा चञ्चला लाङ्गि सिद्धिसूत्रस्वरूपिणी।
नित्याश्रीकमलाबीजरूपिणी सिद्धिदायिनी[1] ॥ १८ ॥
परशुञ्च तथा देवि माकरध्वजमीरितम्।
विपरीतमतं देवि भक्त्याति परिकीर्त्तितम् ॥ १९ ॥
अथान्यत्संप्रवक्ष्यामिगिरिशे नगनन्दिनि।
वामबाहोरूर्द्ध देशे[2] त्रिशूलं त्रिगुणात्मकम् ॥ २० ॥
तदधश्च तथा खड्गं चक्रञ्च तदधः क्रमात्।
तदधस्तीक्ष्णबाणञ्च शक्तिञ्च तदधः क्रमात् ॥ ११ ॥
दक्षबाहोरूर्द्ध भागे खेटकं दीप्यते प्रिये।
तदधः पूर्णं चापञ्च तदधः पाशमङ्कुशम् ॥ २२ ॥
तदधश्च तथा घण्टां परशुं परमाद्भुतम्।
विपरीतमिदं प्रोक्तं भक्त्याति नगनन्दिनी ॥ २३ ॥
अतःपरं प्रवक्ष्यालि विपरीतं यथोचितम्।
यस्य[3] विज्ञानमात्रेण शिवतुल्यो भवेन्नरः ॥ २४ ॥
वामबाहोरूर्द्ध भागे शक्तिं परमशोभनाम्।
तदधस्तीक्ष्णबाणञ्च तदधश्चक्रमेव च ॥ २५ ॥

---

१ "सिद्धिदायिनी" इत्यत्र "भोगदायिनी" इति पाठान्तरम्।
२ "देशे" इत्यत्र "भागे" इति पाठान्तरम्।
३ "यस्य" इत्यत्र "येन" इति पाठान्तरम्।

सुचारुदशनां नित्यां पीनोन्नतपयोधराम् ।
त्रिभङ्गस्थानसस्थानां महिषासुर मर्हिनीम् ॥ २५ ॥
मृणालायतसंस्पर्शां दशबाहुसमन्विताम् ।
त्रिशूलं दक्षिणेध्येयं खड्गंचक्रमधःक्रमात् ॥ २६ ॥
तीक्ष्णवाणंतथाशक्तिं वाहुजक्षेषुविभ्रतीम् ।
खेटकं पूर्णचापञ्च पाशमङ्कुशमुद्धृताम् ॥ २७ ॥
घण्टां वापरशुं वापिवामतः सन्निवेशयेत् ।
रक्तचन्दनसिक्ताङ्गीं रक्तमाल्यपरिच्छदाम् ॥ २८ ॥
सिंहस्थां परमेशानीं ब्रह्मविष्णुशिवार्च्चिताम् ।
प्रेतस्थाञ्च महामायां रक्तपद्मासन स्थितां ॥ २९ ॥
सिंहस्थाञ्च तथा दुर्गां ध्यायेत् परममोक्षदाम् ।
शिवः प्रेतोमहादेवो ब्रह्मालोहितपङ्कजः ॥ ३० ॥
विष्णुः सिंह इतिख्यातः वाहनानिमहौजसः ।
स्वमूर्त्तिवाहनं नैव तेषां देवि प्रयुज्यते ॥ ३१ ॥
तत्तन्मूर्त्त्यन्तरं ज्ञात्वावाहनत्वं गतास्त्रयः ।
शिवप्रेते कदाचित्साकदाचिद्रक्तपङ्कजे ॥ ३२ ॥
कदाचित् केशरिपृष्ठे वसते परमेश्वरि ।
कामकाले शिवप्रेते वसतेसिंहवाहिनी ॥ ३३ ॥
अस्यामहिषमर्द्दिन्याः प्रियं सखीगणं शृणु ॥ ३० ॥

इति श्रीकालीविलास-तन्त्रेएकविंशतिपटलः समाप्तः ।

अथ द्वाविंशपटलः ।

श्रीतत्पुरुष उवाच ।

चण्डां चण्डवतीं विद्यां चामुण्डां चण्डनायिकाम् ।
उग्रचण्डां प्रचण्डाञ्च चण्डोग्रां चण्डनामिकां ॥ १ ॥
शक्तिभिर्वेष्टिता माभिर्विजयां सिंहवाहिनीं[1] ।
शृणुमन्त्रं प्रवक्ष्यामिमर्द्दिन्या मोक्षदायकम् ॥ २ ॥
मायावीजं समुद्धृत्य दुर्गेदुर्गे पदं ततः ।
ततोरक्षपदं भद्रे तदन्ते वह्निवल्लभा ॥ ३ ॥
नातः परतरं मन्त्रं लक्ष्यं[2] तन्त्रे सुलोचने ।
दशाक्षरं महामन्त्रं चोद्धृत्य निगदामिते ॥ ४ ॥
मायावीजं समुद्धृत्य ततोदुर्गेपदं प्रिये ।
वह्निजाया तदन्ते च सर्व्वसिद्धिप्रदामता ॥ ५ ॥
मायावीजं समुद्धृत्य दुर्गायै तदनन्तरम् ।
वह्निजायां परे दत्वा एकधा प्रजपेद्यदि ॥ ६ ॥
कोटि वंश्यान् समादाय वैकुण्ठं स च गच्छति ।
दुर्गे दुर्गे तथाचोक्ता वह्निजाया ततःपरम् ॥ ७ ॥
एषाविद्या महाविद्या चतुर्वर्ग फलप्रदा ।
मायावीजं समुद्धृत्य तथान्ते[3] वह्निवल्लभा ॥ ८ ॥
एषातित्र्यक्षरीविद्या मर्द्दिन्यादोषवर्ज्जिता ।
त्वं दुर्गे त्र्यक्षरं मन्त्रं चतुर्व्वर्ग प्रदायकम् ॥ ९ ॥
क्रोँ दुर्गे रक्षणि पदं नमइत्यक्षरं ततः ।
मायावीजं समुद्धृत्य वह्निजाया परे तथा ॥ १० ॥
चतुर्द्दशाक्षरीविद्या सर्व्वदोषविवर्ज्जिता ।
क्रोँ दुर्गे त्र्यक्षरं मन्त्रं चतुर्व्वर्गप्रदायकम् ॥ ११ ॥

---

१ "वाहनीं" इत्यत्र "संस्थितां" इति पाठान्तरम् ।
२ "लक्ष्यं सन्त्रिस्" इत्यत्र "लचातन्त्रेसु इति पाठान्तरम ।
३ "तथान्ते" इत्यत्र "तदन्ते" इति पाठान्तरम ।

दुर्गापञ्चाक्षरं मन्त्रं ब्रह्मोपेन्द्रादिपूजितम् ।
त्वं दुर्गेरक्षणिपदं जपात् सिद्धिप्रदायकम् ॥ १२ ॥
क्रौं दुर्गेरक्षणिद्वन्द्वं नम इत्यक्षरं ततः ।
मायाबीजं समुद्धृत्य वह्निजायापरेततः ॥ १३ ॥
चतुर्द्दशाक्षरीविद्या सर्व्वदोषविवर्ज्जिता ।
आद्यन्ते प्रणवं माया यदिस्याद्दरवर्णिनि ॥ १४ ॥
तदैषा षोड़शोविद्या सर्व्वकामफलप्रदा ।
षोड़शी मन्त्रविज्ञानं विना श्रीनगनन्दिनि ॥ १५ ॥
यत्किञ्चित् क्रियतेकर्म्म निष्फलं पूजनादिकं ।
तस्मादवश्यं ज्ञातव्यं मद्दिन्या: षोड़शाक्षरं ॥ १६ ॥
यन्नोक्तं सर्व्वतन्त्रेषु अधुना कथयामितें ।

हास्वाणिक्षरगेंदुर्गेंद् क्रौं ॥

दशाक्षर मिदं प्रोक्तं विपरीतं विलोमकं ॥ १७ ॥
विपरीत परिज्ञानात् शीघ्रसिद्धिः प्रजायते ।
अज्ञानाद्विपरीतस्य न सिद्धिर्जायते कलौ ॥ १८ ॥
एवं सर्व्वत्र वोद्धव्यं दशविद्यासुसुन्दरि ।
श्रीकृष्णकोटि मन्त्रेषु शिवमन्त्रे तथैव च ॥ १९ ॥
प्रकृतस्यानुलोमश्च विपरीतं विलोमकं ।
मतान्तरं विपरीतं शृणुत्वं प्राणवल्लभे ॥ २० ॥

(ॐ क्रौं हास्वाणिक्षरगेंदुर्गेंदु क्रौं ॐ)

त्रयोदशाक्षरं मन्त्रं, विपरीतमिदं मतं ।

(ॐ क्रौं क्रौं हास्वागेंदुर्गेंदुणिक्षरम क्रौं क्रौं ॐ)

विपरीतमिदं मन्त्रं दुर्गायाः षोड़शाक्षरं ॥ २१ ॥
गेंदुॐत्र्यक्षरं मन्त्रं सर्व्वकामफलप्रदं ।

"गेंदुर्गेंदुॐ"

इति पञ्चाक्षरं मन्त्रं सर्व्वतन्त्रसुगोपितं ॥ २२ ॥
यत्रयत्रविनिर्द्दिष्टं तत्रैवं परिकल्पयते ।
मतान्तरं विपरीतं शृणुत्वं प्राणवल्लभे ॥ २३ ॥

चपलाबुद्धिसंयुक्ता बुद्धिसिद्धिस्तथैव च ।
अणिमाद्यणिमा प्रोक्ता चन्द्रबिन्दु समन्विता ॥ २४ ॥
कथितेति मया देवि सर्व्वसिद्धिप्रदा मता ।
प्रयोगञ्चास्यवक्ष्यामि सावधानावधारय[1] ॥ २५ ॥

(ऌ॰रंऔ॰)

एवं सर्व्वत्रवोद्धव्यं प्रतिवीजेषु सुन्दरि ।
प्रथमं दशधाजप्ता ततोवीजं समुच्चरेत् ॥ २६ ॥
शृणुत्वैकाक्षरं मन्त्रं त्रिविधं नगनन्दिनि ।
चपलासुसमाशीनाबुद्धिः पद्मदलेक्षणा ॥ २७ ॥
अणिमा सुमुखीप्रोक्ता चन्द्रबिन्दुसमन्विता ।
एकाक्षरी मयाप्रोक्ता शृणु देवि वदामि ते ॥ २८ ॥
वर्त्तुलाक्षीसुरासीना सुन्दरी महिमागुणा ।
चन्द्रबिन्द्वात्मिका नित्यादुर्गावीजमितीरितम् ॥ २९ ॥
चपलाच ततो देवि चन्द्रबिन्दु समन्विता ।
त्रिविधा कथिताविद्या एकाक्षरी स्व मोक्षदा ॥ ३० ॥

श्रीदेव्युवाच ।

चपलाञ्च कथं जप्ता मोक्षःस्यादृदमे प्रभो[2] ।
तमोगुणा च चपला सर्व्वसंहारकारिणी ॥ ३१ ॥
तस्यास्तोच्चारणाद्देव कथं मोक्षमवाप्नुयात् ॥ ३२ ॥

श्रीतत्पुरुष उवाच ।

देवित्वमतिधन्यासि सुन्दरि प्राणवल्लभे ।
त्रिकोण कुण्डलीमात्रा नित्याश्रीप्रकृतिः परा ॥ ३३ ॥
मात्रासरस्वती साक्षात् शरच्चन्द्रशतप्रभा ।
वामरेखा भवेद्ब्रह्म तरुणार्कसमन्विता ॥ ३४ ॥
दक्षरेखा विष्णुरूपा शरच्चन्द्र शतप्रभा ।
अधोरेखा रुद्ररूपा दलिताञ्जन सन्निभा ॥ ३५ ॥

१ "सावधानावधारय" इत्यत्र "सावधानाश्च धारय" इति पाठान्तरम् ।
२ "हृदमेप्रभो" इत्यत्र "हरवल्लिनि" इति पाठान्तरम् ।

श्रीईश्वर सदाशिवौ मात्रायां संस्थितावुभौ ।
व्यापकात् श्रीशिवज्योतिः प्रकृत्यन्तर्गतं सदा ॥ २६ ॥
त्रिकोणाभ्यन्तरे शून्यो विन्दुः परमकुण्डली ।
अरुणादित्यसङ्काशो विन्दुरूपपरिच्छदः ॥ २७ ॥
विन्दुमध्यगतं शून्यं कोटिचन्द्र प्रदायकम् ।
सएवपरमंब्रह्म शिवः परमकारणम् ॥ २८ ॥
नातः परतरं तत्त्वं मर्हिन्येकाक्षरोषु च ।
इतिते कथितं भक्त्या तथाशुश्रुषया प्रिये ॥२८ ॥

इति श्रीकालीविलास-तन्त्र द्वाविंशतिपटलः समाप्तः ।

अथ त्रयोविंशतिपटलः ।

श्रीदेव्युवाच ।

देवेन्द्र हृदयात् शैल्यं कुरु दूरं कृपानिधे ।
सानित्यामर्द्दिनी देवी प्रतप्तकनकप्रभा ॥ १ ॥
दलिताञ्जनसंकाशा कथं मे कृपया वद ।

श्रीदेव उवाच ।

न वक्तव्यं महेशानि न वक्तव्यं कदाचन ।
या नित्यामर्द्दिनी देवी गौराङ्गी दीर्घलोचना ॥ २ ॥
सा देवी परमानित्या अकस्मात् कामपीड़िता ।
कामार्त्ताकामविन्यासा सर्व्वदाकामवर्ज्जिता[1] ॥ ३ ॥
पीड़िता कामवाणेन दलिताञ्जनसन्निभा ।
सहसाभूत्महेशानि दलिताञ्जन चिक्कणा ॥ ४ ॥
कोटिकन्दर्पलावण्यं विजित्यनगनन्दिनी ।
सदाशिवमहाप्रेते चारुदेहे सुविस्मिता ॥ ५ ॥
यदाभूत्तद्विन्दुगौरा कालोक्तावयवा-कृतिः ।
गौरीदेहात् समासन्ना कृष्णाङ्गी कालिकापरा ॥ ६ ॥
या गौरी गौरदेहासाभूत्वातिष्ठति सर्व्वदा ।
विपरीतं भवेत् सर्व्वं तस्यहस्ते शुचिस्मिते ॥ ७ ॥
अस्यश्च वामदाक्षिण्यं कामपीठात् प्रजायते ।
सदाशिवोपरिस्थित्वा ब्रह्माण्डं क्षोभमानयेत् ॥ ८ ॥
दक्षहस्ते स्थितो वाणो वामहस्ते द्रुतं ययौ ।
वामहस्तात्तथा वाणो दक्षहस्तं तथाययौ[2] ॥ ८ ॥
सर्व्वं विपर्य्ययं देवि सहसाभूत् सुरेश्वरि ।
सदाशिवस्य संस्पर्शाद्दलिताञ्जन चिक्कणम् ॥ १० ॥

---

१ "सर्व्वदा कामवर्ज्जिता" इत्यत्र 'यदिसाकामवर्ज्जिता" इति पाठान्तरम् ।

२ तथाययौ इत्यत्र ययौ प्रियं इति पाठान्तरं ।

अमृतं परमेशानि सहसाभूत् परात्परम् ।
योमृताज्जायते कृष्णोदलिताञ्जन चिक्कणम् ॥ ११ ॥
तं रक्तचरणद्वन्द्वं आरक्त करपङ्कजम् ।
तथारक्तोष्ठ युगलं पुण्डरीक दलेक्षणम् ॥ १२ ॥
सर्व्वमङ्गल मङ्गल्यं दृष्ट्वैव सहसा भवत् ।
कालिकायास्तनद्वन्द्वममृतैः परिपूरितम् ।
अमृतं द्विविधं शुक्लं दलिताञ्जन चिक्कणम् ॥ १३ ॥
निरीक्ष्यबालकं काली क्रोड़े कृत्वा सुरार्च्चिते ।
चुचुम्बे वदनं तस्य बालकस्य वरानने ॥ १४ ॥

श्रीबालक उवाच ।

स्तनपानं देहि मात र्देहिदेवि कृपां कुरु ।
तस्य तद्वचनं श्रुत्वा बालकस्य च कालिका ॥ १५ ॥
तिष्ठ पुत्र नास्ति चिन्ता अमृताक्तं स्तनं पिव ।
तच्छ्रुत्वा वचनं तस्याः कालिकायाः शुचिस्मिते ॥ १६ ॥
अनिशं प्रपिवेत् कृष्णोमृतं मलविवर्ज्जितम् ।
गीयते तेन सर्व्वेषु कृष्णमाता च कालिका ॥ १७ ॥
ध्यानं चास्याः प्रवक्ष्यामि शृणुत्वं नगनन्दिनि ।
येन ध्यानेन देवेशि चतुर्व्वर्गं मवाप्नुयात् ॥ १८ ॥
जटाजूट समायुक्तां चन्द्रार्द्धकृत शेखराम् ।
पूर्णचन्द्रमुखीं देवीं त्रिलोचन समन्विताम् ॥ १९ ॥
दलिताञ्जन संकाशां दशबाहुसमन्विताम् ।
नवयौवन सम्पन्नां दिव्याभरण भूषिताम् ॥ २० ॥
सुचारुदशनां नित्यां सुधापुञ्जसमन्विताम् ।
शृङ्गार रससंयुक्तां सदाशिवोपरिस्थिताम् ॥ २१ ॥
दिङ्मण्डलोज्ज्वलकरीं ब्रह्मादि परिपूजिताम् ।
वामे शूलं तथा खड्गं चक्रं वाणं तथैव च ॥ २२ ॥
शक्तिञ्च धारयन्तीं तां परमानन्दरूपिणीम् ।
खेटकं पूर्णचापञ्च पाशमङ्कुश मेवच ॥ २३ ॥
घण्टाञ्चापरशुंवापि दक्षहस्तेच भूषिताम् ।
उग्रां भयानकीं भीमां भेरुण्डां भीमनादिनीम् ॥ २४ ॥

कालिका जटिलाश्चैव भैरवीं पुत्र वेष्टिताम् ।
आभिःशक्तिभिरष्टाभिः सहितां कालिकां परां ॥ २५ ॥
सुप्रसन्नां महादेवीं कृष्णक्रोड़ां परात्पराम् ।
चिन्तयेत् सततं देवीं धर्म्मकामार्थ मोक्षदाम् ॥ २६ ॥
महामोक्षप्रदां नित्यां ध्यायेत् परमगोपिताम् ।
इति ते कथितं ध्यानं ध्यात्वामोक्षपदं लभेत् ॥ २७ ॥
ब्रह्मणोदिवसस्यान्ते कालीक्रोड़ात् शुचिस्मिते ।
राधासमीपं देवेशि यदा यास्यति बालकः ॥ २८ ॥
अत्यन्तविपरीतासाभविष्यति दिनान्तरे ।
इति ते चञ्चलापाङ्गि ध्यानभेदः प्रकीर्त्तितः ॥ २९ ॥
पुत्रेण रहितं ध्यानं मन्वन्तर द्वितीयके ।
एकधाध्यान मात्रेण सर्व्वसिद्धीश्वरोभवेत् ॥ ३० ॥

इति श्रीकालीविलासतन्त्रे त्रयोविंशतिपटलः समाप्तः ।

अथ चतुर्व्विंशतिपटलः।

श्रीदेव उवाच।

स्तनं पीत्वा वालकृष्णो यदाह मातरं प्रति।
तत्शृणुष्व महामाये कृपया कालिकां शुभाम्॥ १॥
स्तनजन्यं तवक्षारं गोलोक सुखदायकम्।
नातः परतरं किञ्चित् त्रैलोक्ये सुखदायकम्॥ २॥
नातः परतरं देव्य-मृतात् कोटिगुणाधिकम्।
कुतोलब्धमिदं क्षीरं कुत्रोत्पन्नञ्च मे वद॥ ३॥
वालकस्य वचः श्रुत्वा किमाह शृणु कालिका।

श्रीकालिकोवाच।

शृणु पुत्र महाभाग कृष्ण कमललोचन।
न गव्य स्तनजं पुत्र अमृतं नित्य नूतनं॥ ४॥
सहस्रदल पद्माच्च उद्धृत्य कृष्णसुन्दर।
पुत्र ब्रह्माण्डगुप्तं वै अमृतामृत मव्ययम्॥ ५॥
यात्रासरस्वतीरेवा यमुना पुस्करा तथा।
गोलोकं यस्तुहेपुत्र वैकुण्ठं तदुदाहृतम्॥ ६॥
तस्माद्वै कमलात् पुत्र उत्पन्नं चामृतं द्रवम्।
तेनामृतेन वैपुत्र स्तनं मे परिपूरितम्॥ ७॥
अमृतं पिवहेपुत्र स्तनं मे परिपूरितम्।
अमृतं पिवहेपुत्र जरामरण वर्ज्जितम्॥ ८॥

श्रीवालक उवाच।

भोजनादमृतस्यास्य सर्व्वं मे विस्मृतं यशौ।
कोवाहं कस्यपुत्रोहं तन्मे कथय संप्रति॥ ९॥

श्रीकालिकोवाच।

शृणु पुत्र महावाहो पुण्डरीक दलेक्षण।
सदाशिवस्तव पिता माताहं तव वालक॥ १०॥
त्वमेवचेश्वर ज्योतिर्गुणातीतः शिवः सदा।
सगुणाहं सदा पुत्र निर्गुणापि कदाचन॥ ११॥

अमृतं गुणमित्याहुः शरीरे तन्ममस्थितम्।
अमृताज्जननं पुत्र तव निर्णय ईरितः ॥ १२ ॥
ईश्वरस्त्वं हि देवानां ईश्वराख्या च यातु वै[1]।
गौरदेहात् समुत्पन्ना अहं काली विपर्य्यया ॥ १३ ॥
तवमातास्म्यहं पुत्र अयोनि सम्भवा स्मृता।
कोटिकन्दर्पवाणेन विद्धाहं कालिकासुत ॥ १४ ॥
त्वमेव चेश्वरज्योतिः पुत्रोमे निर्गुणः सदा।
अद्यप्रभृति हे पुत्र सगुणस्त्वं गुणाकरः ॥ १५ ॥
अद्यप्रभृति हे पुत्र पुण्डरीकदलेक्षण।
निर्गुणस्त्वं हि सगुणः कार्य्यकारणतत्परः ॥ १६ ॥
कल्पान्तरे तु पुत्र त्वं राधावल्लभतां भज[2]।
तवाङ्गं पुण्डरीकाक्ष सुधापुञ्जमयं विभुम् ॥ १७ ॥
विन्दुरूपाप्यहं पुत्र ततः सगुणविग्रहा।
अनन्तशक्तिराद्याहं सर्व्वदेवाधिदेवता[3] ॥ १८ ॥

श्रीवालक उवाच।

अनन्तशक्तिराद्यात्वं वाणविद्धाकथं भवेः।
वाणविद्धा कथं मात—स्तत्सर्व्वं कृपया वद ॥ १८ ॥

श्रीकालिकोवाच।

शृणु पुत्र प्रवक्ष्यामि सावधानोवधारय।
कन्दर्पवाणविद्धा हि न भूतास्मिकदाचन ॥ २० ॥
कामवीजेन विद्धाहं तेनाङ्गं जर्जरं मम।

श्रीवालक उवाच।

हे मातः कामवीजं मे कृपया कथ्यतां त्वया।
यदि नोकथ्यते मातस्तनुत्यागं करोम्यहम् ॥ २१ ॥

श्रीकालिकोवाच।

रे पुत्र वालकस्त्वं हि तनुत्यागः कथं तव।
सुधापानाच्च हे पुत्र—तव देहं सुदुर्जयम् ॥२२॥

---

१ "ईश्वराख्यातुयातुवै" इत्यत्र "ईश्वराख्यो यतस्तुवै" इति पाठान्तरम्।
२ "भज" इत्यत्र "व्रज" इति पाठान्तरम्।
३ "सर्व्वदेवाधिदेवता" इत्यत्र "तेनाङ्गजननं मम" इति पाठान्तरम्।

अधुना शृणुवक्ष्यामि कन्दर्पवाणनिर्णयम्।
काममन्मथकन्दर्पमकरध्वजसंज्ञकाः ॥२३॥
मीनकेतुस्तथा पुत्र—पञ्चवणा इति स्मृताः[1]।
श्रीवालक उवाच
सदर्थं पञ्चवाणस्य कृपया मयि कथ्यताम् ॥२४॥
श्रुत्वा तवमुखान्मातर्भवामि सगुणोप्यहम्।
श्रीकालिकोवाच।
धन्यास्मि कृष्णपुत्र त्वं धन्योऽसि कमलेक्षण ॥२५॥
कामः क्रीँ मन्मथः क्लीँ च कन्दर्प ऐँ इति स्मृतः।
ब्लूँकारो मीनकेतुः स्यात् क्लूँकारो मकरध्वजः ॥२६॥
चपलाक्षीषु चासीना विन्दुर्मोक्षप्रदायकः।
विन्दुमध्यगता नित्या चन्द्रिका कमलेक्षणा ॥२७॥
चन्द्रिकान्तर्गता नित्या देवी शशिमुखी गुणा।
चन्द्रार्द्धविन्दुसंयुक्ता कामवीजमितीरितम् ॥२८
शृणु ध्यानं प्रवक्ष्यामि वीजस्य कमलेक्षण।
दलिताञ्जनसंकाशां चतुर्ब्बाहुसमन्विताम् ॥२८॥
खड्गमुण्डधरां वामे दक्षिणे चाभयं वरम्।
मुण्डमालाधरां नित्यां कटाक्षविशिखोज्ज्वलाम् ॥३०॥
सिन्दूर तिलकोद्दीप्तां अञ्जनाञ्चितलोचनाम्।
ध्यात्वा देवीं महामायां ध्यात्वा वीजं जपेद् यदि ॥३१॥
सर्व्वसिद्धीश्वरो भूत्वा परं ब्रह्माधिगच्छति।
ध्यानमेतत्तु रे पुत्र कोटितन्त्रेषु सम्मतम् ॥३२॥
दिवसे च तथा रात्रौ प्रहरे प्रहरे सुत।
ज्ञात्वा प्रहर निष्कर्षं दिवा रात्रौ च जापकः ॥३३॥
दलिताञ्जनसंकाशात् स्थाने पीठं नियोजयेत्।
अरुणादित्यसंकाशां शरच्चन्द्रप्रदीपिकाम् ॥३४॥
अधुना शृणु हे युत्र ध्यानभेदं वदामिते।
यत्नोक्तं सर्व्वतन्त्रेषु अधुनानिगदामिते ॥३५॥
यदुक्तं प्रथमं ध्यानं प्रातःकाले प्रतिष्ठितम् ॥३६

इति श्रीकालीविलासतन्त्रे चतुर्विंशतितमः पटलः समाप्तः।

---

१ इति स्मृता इत्यत्र इतीरिता इति पाठान्तरम्।

अथ पञ्चविंशतिपटलः ।

मध्याह्नस्य महाभाग ध्यानं हि निगदामि ते ।
अरुणादित्यसंकाशां प्रथमप्रहरे दिवा ॥१॥
शरच्चन्द्रप्रतीकाशां चतुर्ब्बाहुधरां पराम् ।
द्वितीयप्रहरे पुत्र इति मे निश्चयं वचः ॥२॥
तप्तकाञ्चनसंकाशां चतुर्ब्बाहुमयीं पराम् ।
तृतीयप्रहरे त्वेवं सर्व्वबीजेषु भावना ॥३॥
रहस्य मेतद्धे पुत्र कोटिबीजेषु सम्मतम् ।
अधुना संप्रवक्ष्यामि शृणुष्वान्यार्थमङ्गतम् ॥४॥
शरच्चन्द्रप्रतीकाशां चतुर्ब्बाहुधरां पराम् ।
शुक्लाम्बरपरीधानां शुक्लाभरणभूषिताम् ॥५॥
दिव्यवस्त्रपरीधानां[1] दिव्यचन्दन—चर्च्चिताम् ।
इति ते कथितं ध्यानं ब्रह्मादीनामगोचरम् ॥६॥
अधुना शृणु वक्ष्यामि शुद्धं मन्मथ साधनम् ।
दिव्यसन्धिषु चासीना चन्द्रिकालघिमागुणा ॥७॥
चन्द्रिकासु समासीना गिमा शशिमुखी तथा ।
चन्द्रिकान्तर्गता नित्या मन्मथाचरमीरितम्[2] ॥८॥
अधुना संप्रवक्ष्यामि ध्यानं पत्तनगोपुरम् ।
जवाकुसुमसंकाशां चतुर्ब्बाहुधरां पराम् ॥९॥
सिन्दूरतिलकोद्दीप्ता मञ्जनाञ्चितलोचनाम् ।
दिव्याम्बरपरीधानां दिव्याभरणभूषिताम् ॥१०॥
ध्यात्वैवं साधकश्रेष्ठः सर्व्वसिद्धीश्वरो भवेत् ।
ध्यानान्तरमिदं प्रोक्तं सर्व्वतन्त्रेषु गोपितम् ॥११॥
अधुना शृणु वक्ष्यामि शुद्धं कन्दर्पसाधनम् ।
सुभगासु समासीना सुशीला चारुलोचना ॥१२॥

---

१ दिव्यचन्दन इत्यत्र हरिचन्दन इति पाठान्तरम् ।

२ मन्मथाचरमीरितं इत्यत्र प्रफुल्लाचमितीरितमिति पाठान्तरम् ।
तदनन्तरं चन्द्रविम्बात्मिका मित्यामन्मथाख्यमितीरितं इति श्लोकार्द्धं क्वचिदेव पुस्तके दृश्यते

चन्द्रविन्द्वात्मिकानित्या कन्दर्पाख्यमितीरितम्।
ध्यानमस्याः प्रवक्ष्यामि शृणुपुत्रसुलोचन॥१३॥
प्रतप्त काञ्चनाभासां चतुर्ब्बाहुधरां पराम्।
अभयं वरदं वामे दक्षिणे शङ्कमव्ययम्॥१४॥
तदधः कमलं पुत्र चतुर्व्वर्गप्रदायिकाम्।
दिव्याम्बरपरोधानां दिव्याभरणभूषिताम्॥१५॥
दिव्यचन्दनलिप्ताङ्गां सिन्दूरतिलकोज्ज्वलाम्।
कटाक्षविशिखोपेतां अञ्जनाञ्चितलोचनाम्॥१६॥
अधुना संप्रवक्ष्यामि शृणुध्यानं सुखास्पदम्।
पीतपद्मप्रतीकाशां लसत्कोकनदेक्षणाम्॥१७॥
चतुर्भुजां त्रिनेत्राञ्च सिन्दूरतिलकोज्ज्वलाम्।
कटाक्षविशिखोपेतभ्रूलता परिशोभिताम्॥१८॥
अभयं वरदं वामे दक्षिणोर्द्धे सुदर्शनम्।
तदधः संस्थितं शूलं चतुर्वर्गप्रदायकम्॥१९॥
अधुना संप्रवक्ष्यामि शृणुत्वं मीनकेतनम्।
मोहिनीसुसमासीना शुक्लपोतार्द्ध संयुता॥२०॥
चन्द्रविम्बात्मिका नित्या मकरध्वजमीरितम्।
इति ते कथितं वीजं चतुर्व्वर्गप्रदायकम्॥२१॥
अधुना संप्रवक्ष्यामि ध्यानं तन्मीनकेतनम्।
मोहिनीषु समासीना शुक्लपद्मदलेक्षणा॥२२॥
शुक्लाम्बरसमासीना शङ्खहस्ता सुशोभना।
चन्द्रार्द्ध विन्दुसंयुक्ता मीनकेतनमीरितम्॥२३॥
ध्यानमस्याः प्रवक्ष्यामि शृणुपुत्रसुलोचन[1]।
जवाकुसुमसङ्काशां चतुर्ब्बाहुधरां पराम्॥२४॥
नानावेशधरां देवीं शरच्चन्द्रनिभाननाम्।
दिव्याम्बरपरोधानां दिव्याभरणभूषिताम्॥२५॥
कटाक्षविशिखोपेतां सिन्दूरतिलकोज्ज्वलाम्।
अभयं वरदं वामे दक्षिणोर्द्धे च पट्टिशम्॥२६॥

---

१ शृणु पुत्र सुलोचन इत्यत्र यतो मोक्षप्रदं भवेत् इति पाठान्तरम्।

खड्गञ्च तदधस्तस्याः सर्व्वास्त्र—सारसंग्रहम् ।
यज्ज्ञात्वा साधको याति अव्ययं विन्दुमण्डलम् ॥२७॥
मण्डलं परमं मोक्षं पूर्णानन्दस्वरूपिणीम्[1] ।
परस्य ब्रह्मणः पुत्र तदन्तं गह्वमीरितम् ॥२८॥
शब्दरूपमयं विन्दु मण्डलं मातृकाक्षरम् ।
इति ते कथितः पुत्र सर्व्ववीजस्य निर्णयः ॥२९॥

इति श्रीकालीविलासतन्त्रे पञ्चविंशतितमः पटलः समाप्तः ।

---

१ पूर्णानन्दस्वरूपिणीं इत्यत्र पूर्णानन्दरसैर्युतां इति पाठान्तरम् ।

अथ षड़्विंशतिपटलः।

श्रीवालक उवाच।

नमस्ते कालिके मातः चरणे पतितोऽस्म्यहम्।
कृपया कथ्यतां मातरन्यवीजं सुधोपमम् ॥१॥

श्रीकालिकोवाच।

शृणु तत्कथ्यते पुत्र कोटिवीजानि सन्ति वै।
वीजानां परमं श्रेष्ठं वीजं सप्तदशाक्षरम् ॥२॥
कामो मन्मथकन्दर्पौ मोनकेतुः प्रकीर्त्तितः।
यन्नोक्तं शृणुतत्पुत्रकथयामितवाग्रतः ॥३॥
न कस्मैचित् प्रवच्यामि पुत्रत्वात् कथयामि ते।
पूर्णोदर्य्यादिमासिद्धिर्वहुलाचाणिमा तथा ॥४॥
महाकालमयो भूत्वा चन्द्रार्द्ध विन्दुसंयुता।
त्रैदैवतं परं वीजं वीजाना मणुमोरितम् ॥५॥
ध्यानमस्य प्रवच्यामि अतिगोप्यं परात्परम्।
शुक्लविद्युत्प्रतीकाशं रक्तविद्युत्प्रदीपकम् ॥५॥
दलिताञ्जनसंकाशं चतुर्बाहुधरं विभुम्।
शङ्खचक्रगदापद्मधारिणं वनमालिनम् ॥७॥
पीताम्बरपरोधानं लसत्कोकनदेक्षणम्।
ध्यात्वावीजं पठेत् यस्तु प्रणवं पापमोचनम् ॥८॥
विनाप्रणवविज्ञानं गायत्र्या निष्फलो जपः।
कथितं कामबीजञ्च रजःसत्त्वतमात्मकम् ॥९॥
अधुना शृणुपुत्रत्वं मायावीजस्य साधनम्।
ईश्वरः सुसमासीनो विन्दुर्ब्रह्मप्रपूजितः ॥१०॥
विन्दोरन्तर्गतावुद्धिर्नित्याकमललोचना।
वुद्ध्युपरिसमासीना[1] णिमा शशिमुखीगुणा ॥११॥

---

१ वुद्ध्युपरिसमासीना णिमाशशिमुखीगुणा इत्यत्र वुद्धेरुपरि ई पुनः णिमाशशिमुखी तथा इति पाठान्तरम्।

चन्द्रविन्द्वात्मिकानित्या मायादेवीत्वितीरिता[1] ।
मतान्तरं प्रवक्ष्यामि द्विविधं शृणुसुन्दर ॥१२॥
ईश्वरी सुसमासीना कामिनी चारुलोचना ।
कालीसिद्धिसमासीना गिमात्रिगुण चोदना ॥१३॥
चन्द्रविन्द्वात्मिका नित्या मायावीजमितीरितम् ।
चपलान्तर्गताज्ञेया गिमा शशिमुखी तथा ॥१४॥
चन्द्रविन्द्वात्मिका नित्या माया लिखनमीरितम् ।
ध्यानमन्यत्प्रवक्ष्यामि सावधानावधारय ॥१५॥
जवासिन्दूरसंकाशां चतुर्व्वाहुधरां पराम् ।
खड्गमुण्डधरां वामे दक्षिणे शूलमुद्गरे ॥१६॥
दिव्याम्बरपरीधानां दिव्याभरणभूषिताम् ।
सिन्दूरतिलकोद्दीप्ता मञ्जनाञ्चितलोचनाम् ॥१७॥
कटाक्षविशिखोपेत भ्रूलता परिशोभिताम् ।
ध्यात्वैवं साधकश्रेष्ठ एकधा प्रजपेद्यदि ॥१८॥
त्रिकोटिकुलमुद्धृत्य परं ब्रह्माधिगच्छति ।
रहस्यं शृणु हे पुत्र वीजोच्चारणसिद्धिदम् ॥१९॥
वुद्धेरुच्चारणञ्चादौ चपलायास्ततःपरम् ।
सर्व्वान्ते च तथा विन्दोरुच्चारणमितीरितम् ॥२०॥
एवं सर्व्वत्रवोद्धव्यं वीजवीजेषु सिद्धिदम् ।
मायांबुद्धिरितिख्याता विन्दोरन्तर्गता तथा ॥२१॥
माया वीजस्य हे पुत्र भक्त्याते परिकीर्त्तितम् ।
अधुना शृणु हे पुत्र रमावीजं सुदुर्लभम् ॥२२॥
रमाज्येष्ठा तथा रौद्री विन्दुत्रयविनिर्म्मिता ।
रमासु सङ्गताज्येष्ठा रौद्रीज्येष्ठासुसङ्गता ॥२३॥
भ्रामरी कथ्यते तेन विन्दुमण्डलसङ्गता ।
रमासु संस्थिता ब्रह्मा विष्णु ज्येष्ठा सुसंस्थिता ॥२४॥
रौद्रीषु संस्थितौ रौद्री गुणत्रयविनिर्णयः ।
रमा जेष्ठा सन्धि सूक्ष्मे निर्गुणस्य तव स्थितिः ॥२५॥

१ माया देवीत्वितीरिता इत्यत्र माया लिखनमीरितं इति पाठान्तरम् ।

रे पुत्रकेश्वर—ज्योतिस्त्वमेव नान्यथा क्वचित् ।
रौद्री ज्येष्ठा बुद्धिसूर्य्या निर्गुणाख्या शिवस्थितिः ॥२६॥
यः शिवः परमं ब्रह्म सर्व्वं व्याप्य विजृम्भते ।
रमा रजोगुणानित्या अरुणादित्यसन्निभा ॥२७॥
ज्येष्ठा सत्त्वगुणा चैव शरच्चन्द्रप्रभासका ।
दलिताञ्जनसंकाशा रौद्रीतमगुणा स्मृता ॥२८॥
ऊर्द्ध शक्तिद्वये रेखे विद्युदाभे च मोक्षदे ।
ऊर्द्ध रेखाद्वये पुत्र चतुष्कोणे मनःस्थितिः ॥२९॥
चतुष्कोणात्मके चैव आत्मनः स्थितिनिर्णयः ।
अधोभागे चतुष्कोणे परमात्मावसेद्ध्रुवम् ॥३०॥
दक्षभागे चतुष्कोणे निवासस्त्वान्तरात्मनः ।
अधोभागे चतुष्कोणे ज्ञानात्मापि वसेद्ध्रुवम् ॥३१॥
एकादशेन्द्रियाणाञ्च पञ्च शून्येषु संस्थितिः ।
पञ्चशून्ये च भूतानां स्थितिश्चैव न संशयः ॥३२॥
इति ते ग्रामणी बीजं रजःसत्त्वतमात्मकम् ।
कथितं कृष्ण हे पुत्र स्मरणान्मोक्षदं भवेत् ॥३३॥
ज्येष्ठा विन्दुगतानित्या सुस्थिरा चारुणप्रभा ।
सुस्थिरान्तर्गतो विन्दुर्विन्दुमध्ये च मोहिनी ॥३४॥
अस्त्रविद्यात्मिकानित्या परमाबीजमीरितम् ।
प्रथमे ग्रामणी बीजं सुस्थिरा तदनन्तरम् ॥३५॥
ततस्तु मोहिनी बीजमर्द्धचन्द्रं ततःपरम् ।
ततो विन्दुं समुच्चार्य्य संयोगोच्चारणं ततः ॥३६॥
रमा बीजस्य हे पुत्र रहस्यं परिकीर्त्तितम् ।
ध्यानमस्याः प्रवक्ष्यामि शृणु हे पुत्रसुन्दर ॥३७॥
रक्तविद्युल्लताकारां शुक्लविद्युल्लता कृतिम् ।
दलिताञ्जनसंकाशां चतुर्बाहुधरां पराम् ॥३८॥
अरविन्दस्थितां नित्यां ब्रह्मादिपरिपूजिताम् ।
सिन्दूरतिलकोद्दीप्ता मञ्जनाञ्चितलोचनाम् ॥३९॥
ध्यानमात्रेण हे पुत्र सर्व्वसिद्धीश्वरो भवेत् ।
सर्व्वसिद्धीश्वरो भूत्वा चैकधा बीजमुच्चरेत् ॥४०॥

एकोच्चारणमात्रेण जगज्ज्ञानं ततो लभेत् ।
जगज्ज्ञानगतं पुत्र कल्पभेदे द्रुतं भवेत् ॥४१॥
कल्पभेदे च सत्ये च त्रेतायां कमलेक्षण ।
सर्व्वसिद्धीश्वरो भूत्वा विहरेत् क्षितिमण्डले ॥४२॥

इति श्रीकालीविलास-तन्त्रे षड्विंशतितमः पटलः समाप्तः ।

अथ सप्तविंशतिपटलः।

अधुना संप्रवक्ष्यामि कूर्चं परमदुर्लभम्।
दीर्घघोरासु चासीना वक्षारक्तलोचना ॥१॥
चन्द्रबिन्द्वात्मिकानित्या कूर्चाख्या चतथेरिता।
शृणु ध्यानं प्रवक्ष्यामि सावधानावधारय ॥२॥
दलिताञ्जन संकाशां प्रफुल्लकमलेक्षणाम्।
चतुर्बाहुधरां भीमां सिन्दूर तिलकोज्ज्वलाम् ॥३॥
कटाक्षविशिखो पेत भ्रू लता परिशोभिताम्।
दिव्याम्बरपरीधानां दिव्याभरणभूषिताम् ॥४॥
अभयं वरदं वामे दक्षिणे खड्गखर्परे।
एकधा ध्यानमात्रेण सर्व्वसिद्धीश्वरो भवेत् ॥५॥
शृणु चान्यत् प्रवक्ष्यामि स्त्रीबीजं परमाद्भुतम्।
मेधासिद्धिषु चासीना सुभगा कमलेक्षणा ॥६॥
सुभगा सुसमासीना गौरीपद्मदलेक्षणा।
चन्द्रबिन्द्वात्मिका नित्या स्त्रीबीजमतिसुन्दरम् ॥७॥
यास्त्री सैववधूबीजं दुर्गा विलाससम्मतम्।
ध्यानञ्चास्याः प्रवक्ष्यामि सावधानेन संशृणु ॥८॥
सदा षोडशवर्षीयां पीनोन्नतघनस्तनीम्।
चतुर्भुजां शशिमुखीं स्मेराननं सरोरुहाम् ॥९॥
दिव्याम्बरपरीधानां दिव्याभरणभूषिताम्।
सिन्दूरतिलकोद्दीप्ता मञ्जनाञ्चितलोचनाम् ॥१०॥
कटाक्षविशिखोपेतां रङ्गिनीं कुसुमप्रभाम्।
शृणु पुत्र पदं कृष्ण लिखनं मोक्षदर्शनम् ॥११॥
चन्द्रिकान्तर्गतानित्या विशालाक्षाणिमागुणा।
कीर्त्तेरन्तर्गतानित्या विषमा चारुलोचना ॥१२॥
इति ते कथितं कृष्ण लिखनञ्चफलप्रदम्।
चत्वारिंशत्कोष्ठयुक्तं कृष्णस्यैकाक्षरस्य च ॥१३॥
स्मरणात्फलमाप्नोति दर्शनात् पापनाशनम्।
ध्यानमात्रेण हे कृष्ण सर्व्वसिद्धीश्वरो भवेत् ॥१४॥

शृणु स्वाहापदं भद्रं सर्व्वसिद्धिप्रदायकम् ।
ईश्वरे शिव आसीना रौद्री कमललोचना ॥१५॥
रौद्री सिद्धिषु चासीना कौमुदी कमलेक्षणा ।
कालीसिद्धिषु चासीना शूक्ष्मापद्मदलेक्षणा ॥१६॥
इति ते कथिता स्वाहा चतुर्व्वर्गप्रदा मता ।
शृणु ध्यानं प्रवक्ष्यामि ध्यात्वासिद्धीश्वरो भवेत् ॥१७॥
चतुर्भुजां महामायां लसत्कोकनदेक्षणाम् ।
जवा सिन्दूरसंकाशां स्मेरानन सरोरुहाम् ॥१८॥
दिव्याम्बरपरीधानां दिव्याभरणभूषिताम् ।
ध्यानमात्रेण हे पुत्र सर्व्वसिद्धीश्वरो भवेत् ॥१९॥
बीजानां लिखनं यन्त्रं कलिकालस्य सम्मतम् ॥२०॥
स्वर्णादिलिखनं यन्त्रं[1] सत्यादियुगसम्मतम् ।
अप्रशस्तं कलौ यन्त्रं विप्राणां शृणु रे सुत ।
काममन्मथ कन्दर्प—प्रणवं मकरध्वजम् ॥२१॥
मीनकेतुयुगं मायां रमा कूर्चद्वयं तथा ।
श्रीबीजं[2] वह्निजायान्ता विद्या ब्रह्मादिपूजिता ॥२२॥
एषा ते कथिता पुत्र आद्यन्ते हंससंयुता ।
भिन्नौ वीभयमध्ये कूर्चान्ता सप्तदशाक्षरी ॥२३॥

इति श्रीकालीविलासतन्त्रे सप्तविंशतितमः पटलः समाप्तः ।

---

१ लिखनं यन्त्रं इत्यत्र रचितं यन्त्रं इति पाठान्तरम् ।
२ श्रीबीजं इत्यत्र स्त्रीबीजं इति पाठान्तरम् ।

अथाष्टाविंशतिपटलः ।

श्रीशिव उवाच ।

अथैवं संप्रवक्ष्यामि चाङ्कुशं प्राणवल्लभे ।
चपलाक्षी समासीना चन्द्रिकालघिमागुणा ॥१॥
चान्द्री च सुसमासीना सिञ्जिनी चाणिमा तथा ।
चन्द्रविन्द्वात्मिकानित्या चाङ्कुशाख्याहीतीरिता ॥२॥
बीजानां कथितं ध्यानं कार्य्यं पूर्व्वमतेन च ।
लिखनं सर्व्वबीजानां ध्यानञ्चागिरिशं तथा ॥३॥
अज्ञात्वा प्रजपेत् यस्तु तस्य सिद्धिर्नजायते ।
ब्रह्मणो दिनमासाद्य रहस्यं परिकीर्त्तितम् ॥४॥
तस्मात् यत्नेन बोद्धव्यं बीजानां तत्त्वमङ्गतम् ।
मतान्तरं प्रवक्ष्यामि शृणु चार्व्वङ्गिलेखनम् ॥५॥
चन्द्रिकान्तर्गताचारु चपला लोललोचना ।
चपलान्तर्गतोविन्दुर्विन्दुमध्ये च सिञ्जिनी ॥६॥
चन्द्रविन्द्वात्मिकानित्या चतुर्व्वर्गप्रदामता ।
ध्यानमस्याः प्रवक्ष्यामि सावधानेन तत् शृणु ॥७॥
प्रतप्तकाञ्चनाभासां चतुर्ब्बाहुसमन्विताम् ।
दिव्याम्बरपरीधानां दिव्याभरणभूषिताम् ॥८॥
द्विभुजां पद्ममुद्राढ्य वराभयविधारिणीम् ।
सिन्दूरतिलकोद्दीप्ता मञ्जनाञ्चित लोचनाम् ॥९॥
कटाक्षविशिखो पेत भ्रूलतापरिशोभिताम् ।
मायारूपाङ्कुशं वामे बिभ्रतीं परमेश्वरीम् ॥१०॥
ध्यात्वैवं साधकः पुत्र मुच्यते भवबन्धनात् ।
चुम्बनं देहिमे पुत्र तव वक्त्रं सुधामयम् ॥११॥
इत्युक्त्वा सहसा काली चुचुम्बे मुखपङ्कजम् ।
भिक्षिराया महामन्त्रं जपत्वं पुत्रसुन्दर ॥१२॥
इति ते पुत्रवात्सल्यात् कथितं कमलेक्षण ।
कोटिषोड़शमन्त्राणां सत्यजपफलं लभेत् ॥१३॥

दिनान्ते ब्रह्मणो राधा वल्लभत्वं गमिष्यसि[1] ।
ममाङ्ग सम्भवा राधा त्रिपुरा त्रिपुरेश्वरी ॥१४॥
गोलोकबीजं गोलोकं नान्यलोकं कदाचन ।
गोलोकबीजं हे पुत्र ततस्थाने सुदुर्लभम् ॥१५॥
गोलोकबीजं हे पुत्र जपस्व कमलेक्षण ।
ब्रह्मणो दिवसस्यान्ते गोलोकात् कमलेक्षण ॥१६॥
भविष्यन्ति पञ्चब्रह्मणाः पञ्चनन्दाः शिवाक्षरात् ।
मन्मथेषु स्थितो विन्दुः स्तत्र गोलोकमव्ययम् ॥१७॥
अनाद्यन्तमनव्यक्तं नित्यं सगुणमव्ययम् ।
पञ्चाशन्मातृकाशब्द सहिता विन्दुमण्डला ॥१८॥
विन्दुमध्यगतं शून्यं कोटिचन्द्रप्रदीपकम् ।
परं ब्रह्म शून्यरूपं शिवं परमकारणम् ॥१९॥
शिवस्य कारणं विन्दुर्ब्रह्माक्षरनिरूपणम् ।
परस्य ब्रह्मणस्वाङ्गं पञ्चाशन्मातृकाक्षरम् ॥२०॥
अंशत्वञ्च शरीरत्वं सर्व्वदेवेषु संस्थितिः ।
ब्रह्मणस्त्वङ्गविज्ञानं विना हे कमलेक्षण ॥२१॥
यत्र यत् क्रियते कर्म्म व्यर्थं भवति निश्चयम् ।
जायन्ते ब्रह्मणस्त्वङ्गात् ब्रह्माद्याः पञ्चदेवताः ॥२२॥
ब्रह्मा विष्णुश्च रुद्रश्च ईश्वरश्च सदाशिवः ।
एते पञ्चविध ज्योतिर्ब्रह्माद्याः पञ्चदेवताः ॥२३॥
विघ्नत्यगुण कर्म्माणि कार्य्यकारण तत्पराः ॥२४॥
षट्शिवज्योतिषां मध्ये ईश्वरस्त्वं हि मे सुत ।
ब्रह्मा विष्णुश्च रुद्रश्च ईश्वरश्च सदाशिवः ॥२५॥
ततःपरशिवो देवः षट्शिवाः परिकीर्त्तिताः ।
दलिताञ्जनसंकाशोऽधुना त्वं वैगुणाकर ॥२६॥
सदाशिवस्तव पिता माताहं कमलेक्षण ।
शिवोपरिस्थिता देवी सिंहपृष्ठे कदाचन ॥२७॥
महिषेषु तथा पुत्र कदाचिद्रक्तपङ्कजे ।
विपरीतमिदं प्रोक्तं वासनं नान्यदासनम् ॥२८॥

---

१ वल्लभत्वं गमिष्यसि इत्यत्र वल्लभस्त्वं भविष्यसि इति पाठान्तरम् ।

चापञ्च खेटकस्थाने चापस्थाने च खेटकम्।
शक्तिस्थाने तथा चापं वाणं च शक्तिरव्ययः ॥२९॥
शूलस्थाने तथा खड्गं खड्गस्थाने च शूलकम्।
चक्रस्थाने तथा पाशं पाशस्थाने तथाङ्कुशम् ॥३०॥
घण्टाञ्च परशुस्थाने घण्टां परशुसंस्थिताम्।
कस्मिन् हस्ते स्थितं मुण्डं चतुर्व्वर्गप्रदायकम् ॥३१॥
अतिगुह्यं विपरीतं पुत्रबुद्ध्या प्रकीर्त्तितम्।
हे पुत्र चुम्बनं देहि तुभ्यं दास्यामि राधिकाम् ॥३२॥
इत्युक्त्वा सहसाकाली चुचुम्बे मुखपङ्कजम्।
निःशब्दोऽयं महाज्योतिर्निर्विकारो निरञ्जनः ॥३३॥
विन्दुमध्यगतो नित्यः कथितस्त्वादिनिर्णयः।
योविन्दुः सैव चाद्यास्यात् शब्दरूपा सनातनी ॥३४॥
तत एव परं ब्रह्म शब्दे शब्दे विजृम्भते।
कथ्यते तेनहेपुत्र आद्यायाः सुविनिर्णयः ॥३५॥
विना चाद्या परिज्ञानं कोटिज्ञानं वृथा भवेत्।
श्रुत्वा मातृवचः कृष्ण उवाच मातरं पुनः ॥३६॥

श्रीकृष्ण उवाच।

हे मातः कथ्यतां नित्यां यदितेऽस्ति दयामयि।
कदापश्यामि तां राधां कासा राधा कुतस्थितिः ॥३७॥
तन्मे कथय हे मातर्मृत्कम्पश्च भवेन्मम।
राधा राधेति मे चिन्ता सर्व्वदैव प्रजायते ॥३८॥

श्रीकालिकोवाच।

गोलोकमन्मथे वीजे वैद्युते विन्दु मण्डले।
यद्विन्दौ सुन्दरी नित्या तत्रराधा विराजते ॥३९॥
विन्दुना शृणु रे पुत्र महिन्द्या गमनं यतः।
महिन्द्या अहं सम्भूता चाहं ब्रह्मादिपूजिता ॥४०॥
करालवदना काली सुन्दरी चाङ्ग सम्भवा।
नमस्ते कालिके मातर्धर्म्मार्थकाममोक्षदे ॥४१॥
दलिताञ्जनसंकाशे नमस्ते वीजरूपिणि।
कामरूपे नमस्तुभ्यं नमो मन्मथ रूपिणि ॥४२॥

कन्दर्परूपिणि मातर्नमस्तुभ्यं नमो नमः ।
ॐकार रूपिणि तुभ्यं नमस्तुभ्यं नमो नमः ॥४३॥
नमस्ते शङ्कराकारे मीनकेतुस्वरूपिणि ।
मायारूपि नमस्तुभ्यं कमला राजरूपिणि ॥४४॥
कूर्चराजे नमस्तुभ्यं नमस्ते श्रीस्वरूपिणि ।
वह्निजाया स्वरूपे त्वं नमस्तुभ्यं नमो नमः ॥४५॥
झिञ्झिरा रूपिणि तुभ्यं नमस्तुभ्यं नमो नमः ।
श्रुत्वा कृष्णमुखात् स्तोत्रं यदाह कालिका परा ॥४६॥
ध्यात्वा मन्त्रं जपित्वा च स्तोत्र मेतत्तु यः पठेत् ।
तस्मैतुष्टा च झिञ्झीरा प्रसन्ना च प्रसीदति ॥४७॥
झिञ्झीरा मन्त्रविज्ञानं ध्यानं स्तोत्रं विना तथा ।
यत्किञ्चित् क्रियते कर्म्म सर्व्वं भवति निष्फलम् ॥४८॥

इति श्रीकालीविलासतन्त्रे श्रीकृष्णोक्त झिञ्झिरा स्तोत्रं नामाष्टाविंशतिपटलः समाप्तः ।

अथोनत्रिंशत्पटलः ।

श्रीतामस उवाच ।

कालिका—कृष्णसंवादः कथितो भक्तितस्तव ।
विपरीतमिदं प्रोक्तं सारात्सारं परात्परम् ॥१॥
यन्नोक्तं सर्व्वतन्त्रेषु गिरिजे प्राणवल्लभे ।
तव प्रीत्या महेशानि प्रोक्तं गुह्यतमं परम् ॥२॥

श्रीदेव्युवाच ।

पृच्छाम्येकं महाभाग योगीन्द्र योगनायक ।
कामबीजादिबीजानां कथ्यतां लिखनक्रमः ॥३॥

श्रीसद्योजात उवाच ।

यत्रकल्पे भवेद्रामो रावणश्चापि राक्षसः ।
तत्कल्पसम्मतं नित्यं चतुर्युगस्य सम्मतम् ॥४॥
कथयामि महेशानि लिखनं सर्व्वसम्मतम् ।
जम्बुद्वीपस्य वर्षे च कलिकाले च भारते ॥५॥
क्षीर पीठात्मकं वर्णं युगाद्यास्तनसंयुतम् ।
त्रिंशत् कोष्ठात्मकं वीजं स्मरणात् फलदायकम् ॥६॥
चन्द्रिकाद्र्गतानित्या चपला चपलेक्षणा ।
चपलान्तर्गतं पुष्पं विद्युत्कोटिप्रदीपकम् ॥७॥
अनिमेन्दु मुखी सिद्धिः पुष्पमध्ये च संस्थिता ।
चन्द्रार्द्ध विन्दुसंयुक्तं कामवीजमितीरितम् ॥८॥
चन्द्रिकान्तर्गतो नित्यो हरः पद्मदलेक्षणः ।
हरस्य मध्यविन्दौ चाणिमा शशिमुखी विशेत् ॥९॥
चपलान्तर्गतानित्या हरः पद्मदलेक्षणः ।
हरस्य मध्यविन्दौ च सदा शशिमुखी वशेत् ॥१०॥
चन्द्रविन्दुसमायुक्तं मन्मथं परिकीर्त्तितम् ।
हरवर्णेषु चासीनः शिवः पद्मदलेक्षणः ॥११॥
पूर्व्वोक्तं कथितं देव लिखनं मकरस्य च ।
मकरश्च यथा देवि तथैव मीनकेतनम् ॥१२॥

चपलान्तर्गतावुद्धिः प्रफुल्लकमलेच्चणा।
चपलानुगतं[1] पुष्पं विद्युत्कोटिसमप्रभम् ॥१३॥
पुष्पमध्येस्थितानित्या रेचिका लिखनक्रमः।
अतःपरं प्रवच्यामि श्रीवीजलिखनं शृणु ॥१४॥
मङ्गलायामध्यविन्दौ ईश्वरीकमलेच्चणा।
ईश्वरीपद्मगर्भा च पुष्पमध्ये च रेचिका ॥१५॥
चन्द्रविन्दुमयीनित्या श्रिया लिखनमीरितम्।
अतःपरं प्रवच्यामि चाङ्कुशं वरवर्णिनि ॥१६॥
चन्द्रिकान्तर्गतानित्या सुस्थिरा कमलेच्चणा[2]।
सुस्थिरान्तर्गतानित्या सिञ्जिनीब्रह्मपूजिता ॥१७॥
चन्द्रविन्द्वात्मिकानित्या लिखनं त्वङ्कुशस्य च।
हरस्य मध्यविन्दौ सा विशालाची सुशोभना[3] ॥१८॥
हरिणाचीषु चासीना युवा च च्चणिमागुणा।
चन्द्रविन्द्वात्मिका विद्या दिदं लिखनमीरितम् ॥१९॥
एवं सर्व्वत्र वोद्धव्यः वीजानां लिखनक्रमः।
विना लिखनविज्ञानं वीजानां नगनन्दिनि ॥२०॥
विफलं जायते सर्व्वं जपयज्ञार्च्चनादिकम्।
सर्व्वं तस्य भवेद्व्यर्थं किं पुरश्चरणादिभिः ॥२१॥

इति श्रीकालीविलासतन्त्रे ऊनविंशत्तमः पटलः समाप्तः।

---

१ चपलानुगतं इत्यत्र चपलान्तर्गतं इति पाठान्तरम्।
२ कमलेच्चणा इत्यत्र कमलोज्ज्वला इति पाठान्तरम्।
३ साविशालाची इत्यत्र च हरिणाची इति पाठान्तरम्।

अथ त्रिंशत्पटलः ।

श्रीपार्व्वत्युवाच ।

कथ्यतां मे महाभाग श्रीवीज—लिखनक्रमः ।
अति गोप्यो महापुण्यो भक्त्याते परिकीर्त्तितः ॥१॥
दुर्गाविलासतन्त्रोक्तं मयोक्तं शङ्करप्रिये ! ।
चतुर्वर्गप्रदं देवि ! सर्व्वसिद्धिप्रदायकम् ॥२॥

श्रीदेव्युवाच ।

श्रुतं सर्व्वं महाभाग दुर्गाया बोधनादिकम् ।
शरत्काले नवम्यां वै प्रातरावाहयेत् शिवाम् ॥३॥
नवमीषु महाभाग यदि चार्द्रा न लभ्यते ।
किं कर्त्तव्यं तदादेव तन्मे कथयसाम्प्रतम् ॥४॥

श्रीअघोर उवाच ।

शृणुपुत्र महाभाग शृणु हे पार्व्वतीसुत ।
अधुना संप्रवक्ष्यामि कलिकालस्य सम्मतम् ॥५॥
आर्द्रायां बोधयेद्देवीं मूलेनैव प्रवेशयेत् ।
पूर्व्वोत्तराभ्यां संपूज्य श्रवणेन विसर्ज्जयेत् ॥६॥

श्रीतत्पुरुष उवाच ।

सदर्थं चास्य हेपुत्र सावधानो वधारय ।
यानित्या नवमी कृष्णा ब्रह्मविष्णुशिवार्चिता ॥७॥
आर्द्रालक्ष्मीरिति ख्याता नित्या श्रीविष्णुवल्लभा ।
आर्द्रा ऋक्षेणसंयुक्ता यद्दिने नवमी भवेत् ॥८॥
तद्दिने बोधनं पुत्र प्रशस्तं कलिसम्मतम् ।
नवमी सहिता चार्द्रा यदि स्यात् रात्रियोगतः ॥९॥
प्रातःकाले समिद्रायां बोधनं तत्रभैरव ।

श्रीईशान उवाच ।

आर्द्रर्क्षं यः परित्यज्य नवम्यां बोधनञ्चरेत् ॥१०॥
स ऋणी कमलादेव्या भूत्वा याति परत्र च ।
आर्द्रर्क्षं यः परित्यज्य दुर्गादेवीं[1] प्रपूजयेत् ॥११॥

---

[1] आर्द्रर्क्षं यः परित्यज्य दुर्गादेवीं प्रपूजयेदित्यत्र आर्द्राक्षणं परित्यज्य यदि दुर्गां प्रपूजयेदिति पाठान्तरम् ।

विफला तस्य सापूजा कदाचिन्नफलप्रदा[1] ।
सा पूजा राक्षसी पूजा दुर्गापूजा कथं भवेत् ॥१२॥
इषे मास्यसिते पक्षे नवम्यामार्द्र योगतः ।
श्रीवृक्षे बोधयामित्वां मन्त्र मेतत् यथा भवेत् ॥१३॥
नवमीं न स्पृशे दार्द्रा नवमी केवला पिवा ।
प्रातः प्रबोधयेद्देवीं तदा बोधफलं भभेत् ॥१४॥
आर्द्रा योगा भावतो न मन्त्रमेतदुदीरितम् ।
मन्त्र पाठं विना देव बोधनं विफलं लभेत् ॥१५॥
तस्माद् यत्नेन कर्त्तव्यं तिथ्यृक्षेण समन्वितम् ।
तदा तुष्टोऽस्म्यहं पुत्र पार्व्वती सहितः सुत ॥१६॥
श्रवणा च भवेत् पुत्र सर्व्वसिद्धिप्रदायिका ।
अन्यथा पूजकस्यापि ऋक्षाः स्युः क्रोधसंयुताः ॥१७॥
हरन्तितस्य हेपुत्र पूजायां यत्फलानि वै ।

श्रीतामस उवाच ।

आर्द्रर्क्षं न हि संत्याज्यं यदीच्छेदात्मनः शुभम् ।१८॥
आर्द्रर्क्षं न हि संत्याज्यं संत्याज्यं न कदाचन ।
सर्व्वं विपर्य्ययं पुत्र कलिकाले गृहे गृहे ॥१८॥
भविष्यति महाभागे इति मे निश्चयं वचः ।
युगभेदमते नैव कर्त्तव्यं फलदायकम् ॥२०॥
इति ते कथितं पुत्र कलिकालस्य सम्मतम् ।
विशेषं शृणु हेपुत्र बोधनस्य विनिर्णयम् ॥२१॥
नेत्रबीजत्रयश्चैव रावणस्य ततःपरम् ।
इषे मासि ततः पुत्र माहात्म्यं मधुकैटभम् ॥२२॥
पठित्वा फलमाप्नोति बोधनस्य च भैरव ।
तदैव जयदुर्गाया बोधनं भवति ध्रुवम् ॥२३॥

इति श्रीकालीविलासतन्त्रे विंशत्तमः पटलः समाप्तः ।

१ कदाचिन्नफलप्रदा इत्यत्र कदाचित् फलप्रदा इति पाठान्तरम् ।

अथैकत्रिंशत्पटलः ।

श्रीपार्व्वत्युवाच ।

देवदेव दयानाथ संसारार्णवतारक ।
पृच्छाम्येकं महाभाग चरणे पतितास्म्यहम् ॥१॥
यदि नो कथ्यते देव विमुञ्चामितदातनुम् ।

श्रीभैरव उवाच ।

वीजानाञ्च ध्यानभेद मत्यन्तगोपनं महत् ॥२॥
ध्यानभेदं प्रवक्ष्यामि यद्ध्यात्वा सिद्धिभाग्भवेत् ।
तप्तकाञ्चन संकाशां महिषासुरमर्द्दिनीम् ॥३॥
द्वितीयप्रहरे नित्यां शरच्चन्द्रप्रदीपकाम् ।
जवाकुसुमसंकाशां तृतीयप्रहरे तथा ॥४॥
दलिताञ्जनसंकाशां चतुर्थप्रहरे प्रिये ! ।
एवं रात्रावपि ध्यानं प्रहरे प्रहरे शुभम् ॥५॥
माया बीजस्य चार्व्वङ्गि—रहस्यं परिकीर्त्तितम् ।
अधुना संप्रवक्ष्यामि वंवीजस्य च लक्षणम् ॥६॥
अरुणादित्यसंकाशां विन्दुं ब्रह्म परिच्छदाम् ।
प्रातःकाले महेशानि एवं नित्यं प्रचिन्तयेत् ॥७॥
शुक्लविद्युत्प्रतीकाशं द्वितीयप्रहरे शुभम् ।
तप्तकाञ्चनसंकाशं तृतीयप्रहरे शुभम् ॥८॥
दलिताञ्जनसंकाशं प्रतुर्थप्रहरेमतम् ।
एवं रात्रौ महेशानि सिद्धिः स्यादुत्तरोत्तरम् ॥९॥
अधुना संप्रवक्ष्यामि कामवीजस्य साधनम् ।
दलिताञ्जनसंकाशां प्रथमप्रहरे तथा ॥१०॥
शुक्लविद्युत्प्रतीकाशां द्वितीयप्रहरे पराम् ।
रक्तविद्युत्प्रतीकाशां तृतीयप्रहरे तथा ॥११॥
स्वर्ण—ज्योतिः प्रतीकाशां चतुर्थ प्रहरे तथा ।
रात्रावपि महेशानि एवमेव विचिन्तयेत् ॥१२॥

कन्दर्पं शृणु चार्व्वङ्गि—सर्व्वसिद्धिप्रदायकम् ।
अरुणादित्यसंकाशां प्रातःकाले विभावयेत् ॥१२॥
दलिताञ्जनसंकाशां द्वितीयप्रहरे पराम् ।
तप्तकाञ्चनसंकाशां तृतीयप्रहरे पराम् ॥१३॥
शुक्लविद्युत्प्रतीकाशां चतुर्थप्रहरे तथा ।
रात्रावपि महेशानि भावना सिद्धिरुत्तमा ॥१४॥
जायते नात्रसन्देहो गिरिजे नगनन्दिनि ।
अधुना संप्रवक्ष्यामि श्रीवीजं ब्रह्मसम्पदम् ॥१५॥
शुक्लविद्युत् प्रतीकासां प्रथमप्रहरे तथा ।
शङ्खेन्दु कुन्दसंकाशां द्वितीयप्रहरे शुभाम् ॥१६॥
भ्रमद्भ्रमरसंकासां तृतीयप्रहरे तथा ।
तप्तकाञ्चनसंकाशां चतुर्थप्रहरे सदा ॥१७॥
रात्रावपि महेशानि एवमेव विभावयेत् ।
सर्व्वरात्रिमभिव्याप्य अरुणादित्यसन्निभाम् ॥१८॥

श्रीवामदेव उवाच ।

अधुना संप्रवक्ष्यामि श्रीवीजं परमाद्भुतम् ।
भ्रमद्भ्रमरसंकाशां प्रथमप्रहरे सदा ॥१९॥
रात्रावपि महेशानि एवमेव विभावना ।
अधुना संप्रवक्ष्यामि शृणु हे कूर्चलक्षणम् ॥२०॥
दलिताञ्जनसंकाशां प्रथमप्रहरे सदा ।
अरुणादित्यसंकाशां द्वितीयप्रहरे तथा ॥२१॥
तृतीयप्रहरे कूर्चां तप्तकाञ्चन सन्निभाम् ।
चतुर्थप्रहरे कूर्चां शरच्चन्द्रप्रदीपकाम् ॥२२॥
रात्रावपि महेशानि एवमेव विचिन्तयेत् ।
अधुना संप्रवक्ष्यामि चाङ्कुशं प्राणवल्लभे ॥२३॥
शुक्लविद्युत्प्रतीकाशां प्रथमप्रहरे पराम् ।
तप्तहाटकसंकाशां द्वितीयप्रहरे तथा ॥२४॥
दलिताञ्जनसंकाशां तृतीयप्रहरे पराम् ।
अरुणादित्यसंकाशां चतुर्थप्रहरे तथा ॥२५॥
रात्रावपि महेशानि एवमेव विचिन्तयेत् ।
प्रणवं शृणु चार्व्वङ्गि चतुर्व्वर्गात्मकं परम् ॥२६॥

रत्नज्योतिर्मयीं नित्यां प्रथमप्रहरे पराम् ।
द्वितीयप्रहरे नित्यां शरच्चन्द्रप्रदीपकाम् ॥२७॥
तृतीयप्रहरे भद्रे तप्तहाटकसन्निभाम् ।
चतुर्थप्रहरे देवि ! दलिताञ्जनसन्निभाम् ॥२८॥
रात्रावपि महेशानि एवमेव विभावना ।
अधुना संप्रवक्ष्यामि वह्निजायां परां शृणु ॥२९॥
प्रथमप्रहरे भद्रे जवासिन्दूरसन्निभाम् ।
द्वितीयप्रहरे देवि शरच्चन्द्रप्रदीपकाम् ॥३०॥
तृतीयप्रहरे भद्रे दलिताञ्जनसन्निभाम् ।
चतुर्थप्रहरे चैव तप्तकाञ्चनसन्निभाम् ॥३१॥
रात्रावपि महेशानि एवमेव विचिन्तयेत् ।
प्रथमप्रहरे बुद्धिं शरच्चन्द्रप्रदीकाम् ॥३२॥
द्वितीयप्रहरे नित्यां दलिताञ्जनसन्निभाम् ।
तृतीयप्रहरे भद्रे अरुणादित्यसन्निभाम् ॥३३॥
चतुर्थप्रहरे देवि ! तप्तस्वर्णसमप्रभाम् ।
एवं मनसि चार्व्वङ्गि भावना सिद्धिरुत्तमा ॥३४॥
यथा मनस्तथा बुद्धिरेकमेव न वै पृथक् ।
बुद्धिं भित्त्वा मनो याति अनुलोमजपात् प्रिये ॥३५॥
मनोभित्त्वा यथा बुद्धिं याति याति करोति च ।
अनेन विधिना भद्रे यावज्जीवं विभावयेत् ॥३६॥
तदैव महती सिद्धिर्नान्यथा कल्पकोटिभिः ।
भविष्यति महेशानि सत्यं सत्यं न संशयः ॥३७॥

इति श्रीकालीविलासतन्त्रे एकत्रिंशत्तमः पटलः समाप्तः ।

अथ द्वाविंशत्पटलः ।

श्रीदेव्युवाच ।

पृच्छाम्येकं महाभाग योगीन्द्रगणनायक ।
सदर्थं सर्व्ववर्णानां स्तोत्रं कवचमेव च ॥१॥
देवता च ऋषिश्छन्द स्तथैव ध्याननिर्णयः ।
अष्टसिद्धिपरिचयः प्रकृतिः प्रत्ययस्तथा ॥२॥
प्रत्येकं सर्व्ववर्णानां कोवाविदविनिर्णयम् ।
श्रीमहाकुण्डलिं विन्दो रहस्यं द्वादशागमम् ॥३॥
षट् चक्रात् संश्रुतं सर्व्वं इदानीं वदभावना ।

श्रीईश्वर उवाच ।

रक्तं नीलं तथा पीतं शङ्खेन्दुकुन्दसन्निभम् ॥४॥
ईशानस्य वचः श्रुत्वा यदाह तामसः शृणु ॥५॥
कामिनी कौमुदी ज्योत्स्ना शशिवक्त्रासुलोचना ।
विरूपाक्षी विशालाक्षी वैष्णवी मीनकेतना ॥६॥
नर्त्तकी नृत्यरूपा च निर्म्मलाध्यान सिद्धिनी ।
सुरा ज्योतिर्म्मयी घोरा प्रफुल्लपद्मलोचना ॥७॥
स्वभावतः सदा वर्णाः कुन्देन्दुधवलोज्ज्वला ।
प्रथमप्रहरे चैताः शरच्चन्द्रप्रदीपकाः ॥८॥
द्वितीयप्रहरे वर्णाः दलिताञ्जनसन्निभाः ।
तृतीयप्रहरे वर्णाः अरुणादित्यसन्निभाः ॥९॥
चतुर्थप्रहरे भद्रे तप्तकाञ्चनसन्निभाः ।
रात्रावपि महेशानि एवमेव विचिन्तयेत् ॥१०॥
तामसस्य वचः श्रुत्वा वामो यदाह तत्शृणु ।
चन्द्रिका चन्द्रवदना हरिणाक्षी सुलोचणा ॥११॥
रजोगुणा महाविद्या अरुणा दित्यसन्निभाः ।
प्रथमप्रहरे भद्रे रक्तविद्युत्प्रदीपकाः ॥१२॥
द्वितीयप्रहरे चैताः दलिताञ्जन सन्निभाः ।
तृतीयप्रहरे चैव कुन्देन्दु धवलोज्ज्वलाः ॥१३॥

तप्तहाटकसंकाशाश्चतुर्थप्रहरे तथा ।
द्वितीयाशङ्खहस्ता च चक्रहस्ता च चक्रिणी ॥१४॥
विद्या च द्योतिनी नित्या सिन्दूरवर्णसन्निभा ।
द्वितीयप्रहरे वर्ण्या दलिताञ्जनसन्निभाः ॥१५॥
तृतीयप्रहरे चैतास्तप्तहाटकसन्निभाः ।
चतुर्थप्रहरे भद्रे शरच्चन्द्रप्रदीपकाः ॥१६॥
रात्रावपि महेशानि एवमेव विचिन्तयेत् ।
वशी च विमला चैव तथा विलक्षणागुणा ॥१७॥
विशाला विषमानित्या अरुणादित्यसन्निभाः ।
द्वितीयप्रहरे वर्ण्या दलिताञ्जनसन्निभाः ॥१८॥
शुक्लविद्युत् प्रतीकाशास्तृतीयप्रहरे तथा ।
तप्तकाञ्चनसंकाशाश्चतुर्थ प्रहरे मता ॥१९॥
रात्रावपि महेशानि एवमेव विचिन्तयेत् ।
शोभा चैव स्वरूपा च सुन्दरी गन्धज्ञा तथा ॥२०॥
गन्धिनी च तथा नित्या चारुणा तरलेक्षणा ।
द्वितीयप्रहरे वर्ण्या दलिताञ्जनसन्निभा ॥२१॥
तृतीयप्रहरे वर्ण्यास्तप्तहाटकसन्निभाः ।
चतुर्थप्रहरे चैव कुन्देन्दु धवलोज्ज्वलाः ॥२२॥
रात्रावपि महेशानि एवमेव विचिन्तयेत् ।
अघोरस्य वचः श्रुत्वा यदाह पुरुषः प्रिये ॥२३॥
तृतीयप्रहरे वर्ण्यास्तप्तहाटकसन्निभाः ।
सर्व्वाः पद्मपलाशाक्ष्यः दलिताञ्जनसन्निभाः ॥२४॥
द्वितीयप्रहरे भद्रे अरुणादित्यसन्निभाः ।
तृतीयप्रहरे चैतास्तप्तकाञ्चनसन्निभाः ॥२५॥
शरच्चन्द्रप्रतीकाशाश्चतुर्थ प्रहरे तथा ।
रात्रावपि महेशानि एवमेव विचिन्तयेत् ॥२६॥
पिनाकी शङ्करश्चैव हरो भद्रस्तथैव च ।
कल्याणी च ततो देवी शिवा च सिद्धिरूपिणी ॥२७॥
प्रथमप्रहरे चैता दलिताञ्जनसन्निभाः ।
रात्रावपि महेशानि एवमेव विचिन्तयेत् ॥२८॥

पुरुषस्य वचः श्रुत्वा यदाह भगवान् शृणु ।
मङ्गला च ततः कीर्त्तिर्मनोबुद्धिर्विलक्षणा ॥२९॥
सर्व्वाः पद्मपलाशाक्ष्यः किङ्कर्य्यो नवयौवनाः ।
दिव्याम्बरपरीधाना दिव्याभरणभूषिताः ॥३०॥
शरच्चन्द्रप्रतीकाशा द्वितीयप्रहरे तथा ।
तृतीयप्रहरे देवि ! दलिताञ्जनसन्निभाः ॥ ३१॥
चतुर्थप्रहरे भद्रे तप्तकाञ्चनसन्निभाः ।
शरच्चन्द्रप्रतीकाशापञ्चमप्रहरे तथा ॥३२॥
षष्ठाख्यप्रहरे भद्रे शङ्खेन्दुकुन्दसन्निभाः ।
रात्रावपि महेशानि एवमेव विचिन्तयेत् ॥३३॥
पुरुषस्य वचः श्रुत्वा ईशो यदाह तत् शृणु ।
मङ्गला च ततः कीर्त्तिर्मनोबुद्धिर्विलक्षणा ॥३४॥
सर्व्वाः पद्मपलाशाक्ष्यः किशोर्य्यो नवयौवनाः ।
दिव्याम्बरपरीधाना दिव्याभरणभूषिताः ॥३५॥
शरच्चन्द्रप्रतीकाशा द्वितीयप्रहरे तथा ।
तृतीयप्रहरे देवि ! दलिताञ्जनसन्निभाः ॥३६॥
परब्रह्मण उत्पत्तेः कारणं प्रकृतेर्गुणाः ।
मूर्त्तिमन्तो ब्रह्मलोके भूमा वत्सररूपिकाः ॥३७॥
प्रथमप्रहरे वर्ण्या अरुणादित्यसन्निभाः ।
शरच्चन्द्रप्रतीकाशा द्वितीयप्रहरे तथा ॥३८॥
तृतीयप्रहरे देवि ! दलिताञ्जनसन्निभाः ।
रात्रावपि महेशानि एवमेव विचिन्तयेत् ॥३९॥

इति श्रीकालीविलासतन्त्रे द्वात्रिंशत्तमः पटलः समाप्तः ।

अथ त्रयस्त्रिंशत्पटलः ।

शिव उवाच ।

बीजानां कोण विज्ञानं यन्त्रतस्त्रायते यतः ।
तेन यन्त्र इति ख्यात ईशान मुख निःसृतः ॥१॥
बीजानां लिखनं देवि ! यथार्थं कोणसम्मतम् ।
तद् यन्त्रं पूजने शस्तं कलिकालस्य सम्मतम् ॥२॥
स्वर्णादिरचितं यन्त्रं सत्यादियुगसम्मतम् ।
जम्बुद्वीपस्य वर्षेतु कलिकाले च भारते ॥३॥
स्वर्णादिरचिते यन्त्रे पूजनात् प्रकटं भवेत् ।
प्रकटे मन्त्रनाशः स्याद्वधबन्धनमेव च ॥४॥
प्रकटे सिद्धिहानिः स्यात् प्रकटे मरणं भवेत् ।
अधुना संप्रवक्ष्यामि बीजानां कोण निर्णयम् ॥५॥
पञ्चत्रिंशत् कोणयुक्तं रमाबीजं प्रकीर्त्तितम् ।
कामबीजं तथा देवि ! त्रिंशत् कोणे न निर्म्मितम् ॥६॥
तामसस्य मुखादेतत् मुनिनन्दननिर्गतम् ।
एकत्रिंशत् कोण युक्तं मन्मथं परिकीर्त्तितम् ॥७॥
वामदेवात् समुद्भूतं शीघ्रं सिद्धिप्रदायकम् ।
अष्टकोणात्मकं नित्यं कन्दर्पं सिद्धिदायकम् ॥८॥
अघोरान्निर्गतमिदं यन्त्रसिद्धेस्तु कारणम् ।
द्वात्रिंशत् कोणसंयुक्तं मकरध्वजमीरितम् ॥९॥
मीनकोतोस्तदा देवि ! कोणसंख्यं प्रकीर्त्तितम् ।
पुरुषान्निर्गतमिदं द्रुतं सिद्धिप्रदायकम् ॥१०॥
सप्तत्रिंशत् कोण माया अष्टकोणञ्च कूर्च्चकम् ।
ईशानान्निर्गतमिदं शीघ्रं सिद्धिप्रदायकम् ॥११॥
अष्टाविंशत् कोणयुक्तं वधूबीजं प्रकीर्त्तितम् ।
द्वाविंशति कोणयुक्तावह्निजाया प्रतीर्त्तिता ॥१२॥
पञ्चकोणात्मकं बीजं प्रणवं पापनाशनम् ।
षट्कोणं वह्निबीजञ्च दशकोणात्मकं नमः ॥१३॥

इति ते कथिता विद्या अधोवक्त्राद्विनिर्गता ।
जम्बुद्वीप मंतानित्या कलिकालस्य सम्मता ॥१४॥
ब्रह्म ज्योतिः ककारे च विष्णुर्ज्योतिस्तथैव च ।
रुद्रज्योतिः ककारे च ईश्वरस्य तथैव च ॥१५॥
ककारे श्रीशिव ज्योतिः ककारे च परं शिवः ।
सर्व्ववर्णेषु बोद्धव्यं ककारमुपलक्षणम् ॥१६॥
षट् शिव ज्योतिषं कोणं तेन कोणमितीरितम् ।
त्रिगुणि त्रिगुणोपेतं त्रिकोणञ्च इतीरितम् ॥१७॥
अनन्तबीजकोणेषु षट् शिव ज्योतिषां स्थितिः ।
आत्मान्तरात्मा परमज्ञानात्मा परमैर्युतः ॥१८॥
तामसान्निर्गतमिदं सर्व्वेषां कोणनिर्णयम् ।
एवं सर्व्वत्र बोद्धव्यं बीजानां नगनन्दिनि ॥१९॥

इति श्रीकालीविलास-तन्त्रे त्रयस्त्रिंशत्तमः पटलः समाप्तः ।

अथ चतुस्त्रिंशत्पटलः ।

शिव उवाच ।

अकारादिक्षकारान्तं चन्द्रबिन्दुसमन्वितम् ।
प्रजपेदनुलोमेन विलोमेन मनुं ततः ॥१॥
इष्टमन्त्रं ततो जप्त्वा अक्षरादीन् जपेत्ततः ।
तदा पूतो भवेन्मन्त्रः शापादिदोषसंयुतः ॥२॥
अणि मे कामिनि मातः नमस्तुभ्यं नमोनमः ।
कौमुदित्वणिमे नित्यं ज्योत्स्ना रूपिणि ते नमः ॥३॥
शशिवक्त्रे नमस्तुभ्यं सुलोचनि नमोनमः ।
विरूपाक्षि नमस्तुभ्यं विशालाक्षि नमोनमः ॥४॥
अणि मे वैष्णवितुभ्यं मीनाक्षि चाणि मे नमः ।
नमस्ते नर्त्तकि देवि ! नित्यरूपे नमोनमः ॥५॥
अनिमे निर्म्मलेतुभ्यं सिञ्जिनिते नमोनमः ।
ज्योतिर्मयि नमस्तुभ्यं घोररूपिणि ते नमः ॥६॥
सद्योजातमुखादेषस्तवराजो विनिर्गतः ।

श्रीवामदेव उवाच ।

चन्द्रिके लधिमे तुभ्यं नमस्तुभ्यं नमोनमः ॥७॥
शङ्खहस्तेनमस्तुभ्यं चन्द्रास्येते नमोनमः ।
हरिणाक्षि नमस्तुभ्यं नमस्तुभ्यं नमोनमः ॥८॥
सुलोचने नमस्तुभ्यं शङ्खिनिते नमोनमः ।
शङ्खहस्ते प्राप्तिसिद्धे चक्रहस्ते नमोनमः ॥९॥
हे चक्रिणि नमस्तुभ्यं विद्यारूपिणि ते नमः ।
विद्योप प्राप्तिसिद्ध्यर्थं नमस्तुभ्यं नमोनमः ॥१०॥
वामदेव मुखादेषस्तवराजो विनिर्गतः ।

श्रीअघोर उवाच ।

वाणि तेन नमस्तुभ्यं काम्यसिद्धिस्वरूपिणि ॥११॥
प्रकाम्य विमले तुभ्यं पिशालाक्षे नमोनमः ।
हे विशाले नमस्तुभ्यं विषमे च नमोनमः ॥१२॥

अघोरमुखसंमुक्तः स्तवराजः प्रकीर्त्तितः ।

श्रीईशान उवाच ।

नमस्ते महिमे शोभे स्वरूपे ते नमोनमः ॥१३॥
सुन्दरि महिमे तुभ्यं गन्धवाहे नमोनमः ।
गन्धिनि महिमे तुभ्यं नमस्तुभ्यं नमोनमः ॥१४॥
गगणे च नमस्तुभ्यं गानरूपिनिते नमः ॥१५॥
रुद्ररूपि नमस्तुभ्यं ईश्वरि त्वां नमाम्यहम् ।

श्रीतामस उवाच ।

पिनाकिनि नमस्तुभ्यं वशित्वा सिद्धिरूपिणि ॥१६॥
शङ्कररूपिणि तुभ्यं हररूपिणि ते नमः ।
कल्याणि हे नमस्तुभ्यं हररूपिणि ते नमः ॥१७॥
मङ्गले हे नमस्तुभ्यं नमस्ते सिद्धिरूपिणि ।
नमस्ते मङ्गले नित्ये कोणविंशतिसंयुते ॥ १८ ॥
कामावसायिते कीर्त्ते नमस्तुभ्यं नमोनमः ।
मनोरूपि नमस्तुभ्यं नमस्तुभ्यं नमोनमः ॥१९॥
बुद्धे मातर्नमस्तुभ्यं विलक्षणि नमोनमः ।
नानारूपमयितुभ्यं नमस्तुभ्यं नमोनमः ॥२०॥
य इदं पठतिस्तोत्रं त्रिसन्ध्यं शिवसन्निधौ ।
सहसा मन्त्रसिद्धिः स्यात् लक्षावर्त्तनमात्रतः ॥२१॥
एतत् स्तोत्रं महेशानि कलिकाले पठेत् सुधीः ।
एतत् स्तोत्रं विना देवि ! अन्यस्तोत्रं पठेत्तु यः ॥२२॥
सर्व्वं तस्य भवेत् व्यर्थं क्षिप्तस्य वचनं यथा ।
एतत् स्तोत्रं पठित्वादौ ततोऽन्यकवचं पठेत् ॥२३॥
पठित्वा सिद्धिमाप्नोति न च मे वचनं मृषा ।
विनावीजपरिज्ञानं कवचाध्ययनं वृथा ॥२४॥
वर्णस्तवमविज्ञाय स्तवमन्यं वृथा भवेत् ।
वर्णतत्त्व मविज्ञाय पुराणं प्रपठेत्तु यः ॥२५॥
सऋणी सर्व्व देवानां भूत्वा याति परत्र च ।
ऋणी भूत्वा स पापिष्ठो भेकयोनिषु जायते ॥२६॥
ब्रह्मदिनमभिव्याप्य भेको भवति निश्चितम् ।
दिनान्ते तु महेशानि नाना योनौ प्रजायते ॥२७॥

सम्भ्रष्टः स च पापिष्ठो न पुनर्मानुषो भवेत् ।

श्रीगणेश उवाच ।

पार्व्वत्या निकटे स्थित्वा यत् श्रुतं शिव वक्त्रतः ॥२८॥
तदद्यकथितं सर्व्वं कालीविलाससम्मतम् ।
रहस्यं सर्व्ववीजानां वर्णानां मुनिपुङ्गव ॥२९॥
दिवारात्रपरिज्ञानं प्रथमं प्रहरं तथा ।
विना यत् क्रियते विप्र सर्व्वं विधिविरम्बनम् ॥३०॥
अष्टाङ्ग योगविज्ञानं भक्त्या ते परिकीर्त्तितम् ।
न योगेन विना मन्त्रो मन्त्रेण विफलो हि सः ॥३१॥
द्वयोरभ्यासमात्रेण मन्त्रसिद्धिः प्रजायते ।
विनात्वेकतराभ्यासं मन्त्रसिद्धिर्नजायते ॥३२॥

इति श्रीकालीविलासतन्त्रे चतुस्त्रिंशत्तमः पटलः समाप्तः ।

अथ पञ्चविंशत्पटलः ।

श्रीसुभगोवाच ।

सर्व्वं श्रुतं महाभाग पृच्छाम्येकं वदस्व तत् ।
सुवल्ली गोपिणी कासा कृपया मयिकथ्यताम् ॥१॥
कृष्णजन्मश्रुतं देव यः कृष्णः ईश्वरस्तु सः ।
यदिनो कथ्यते देव विमुञ्चामि तदा तनुम् ॥२॥

श्रीगणेश उवाच ।

सुभगे सा ब्रह्मरूपा सुवल्ली कूर्च्चरूपिणी ।
कोटिकन्दर्पलावण्यं विजित्यसुवल्ली परा ॥३॥
कालीक्रोड़ात् यदा कृष्णो ययौ गोलोकमण्डलम् ।
यदुवाच तदा कृष्णः कालिकां मातरं प्रति ॥४॥
तदद्य ब्राह्मणि देवि कथयामि शृणुष्वतत् ।
पार्व्वत्या निकटे देवि यत् श्रुतं शिववक्त्रतः ॥५॥

श्रीबालक उवाच ।

नमस्ते कालिके मातश्चरणे पतितोऽस्म्यहम् ।
किं करोमि क्व गच्छामि कृपया कथ्यतां मयि ॥६॥
भक्षणं कथ्यतां मातर्ममदेहं सुधामयम् ।
एकोऽहं कालिके मातः सहायो मे कुतोवद ॥७॥

श्रीकालिकोवाच ।

रे पुत्र पुण्डरीकाक्ष त्रिभङ्गमुररीधर ।
महीध्रधर हे पुत्र शब्द ब्रह्मस्वरूपिणी ॥८॥
ह्रूँ कारनादिनी विद्या शक्तिरूपा हिते सुत ।
त्रिभङ्गी त्रिगुणी पेता सुधापुञ्जमयं वपुः ॥९॥
ब्रह्माण्डे मोहिनी चूड़ा अनन्तसुखदा मता ।
मुररी शब्दमात्रेण अनन्तसुखमाप्नुयात् ॥१०॥
प्रथमं मुररी शब्दात् नारीणां षोड़शीं कलाम् ।
प्राप्नोति कृष्ण हे पुत्र दलिताञ्जनचिक्कण ॥११॥

कामत्रयं तथेशान तथाचैवानिशं जपेत् ।
कूर्च्चद्वयं तथा मायां वह्निजायाञ्च तामस ॥२५॥
एतद्रहस्यं परमं ध्यात्वा जपफलं लभेत् ।
अन्यथा विफलं सर्व्वं पुरश्चर्य्यापि निष्फला ॥२६॥
उच्चारणं भवत्येषां क्षित्यादीनां न संशयः ।
परस्य ब्रह्मणोविप्र गुणाः पञ्चदशाक्षराः ॥२७॥
चतुर्वेदाक्षराः सर्व्वा अनिमाद्यष्टजातयः ।
राधा रहस्यं हे पुत्र राधा विलाससंयुतत् ॥२८॥
प्रतिमन्वन्तरं शस्तं पञ्चाशन्मातृका परम् ।
प्रतिमन्वन्तरे शस्तं विद्या मन्त्रं सुसिद्धिदम् ॥२९॥
गुरो रागमने शिष्यो गृहादपहरो भवेत् ।
नपुरश्चरणं विप्र नास्ति होमः कलौ युगे ॥३०॥
अभिषेको नास्ति विप्र तर्पणं नास्ति नास्ति वै ।
कलौ प्रवर्त्तते नित्यं सिद्धिदं गुरुतोषणम् ॥३१॥
गुरोः सन्तोषमात्रेण इष्टमन्त्रोऽपि सिद्ध्यति ।
विनागुरुप्रमोदेन सिद्धिविद्यापि हानिदा ॥३२॥
यत् श्रुतं शिवषड्वक्त्रात्कथ्यतां कृपया मुने ।
किं बहुकथया महाभाग गच्छामि शिवमन्दिरम् ॥३३॥
इत्युक्त्वा प्रययौ शीघ्रं कैलासं शिवनन्दनः ।

इति श्रीकालीविलासतन्त्रे देवदेवीसंवादे गणेशमुनिकथनं नाम पञ्चत्रिंशः

पटलः समाप्तः ।

समाप्तश्चायं ग्रन्थः ।

इत्युक्त्वा सहसा काली चुचुम्बे मुखपङ्कजम् ।
गच्छत्वं त्वरितं पुत्र भिल्लीराजपतत्पर: ॥१२॥
गोलोकं तत्समं पुत्र न्योन्यलोकं कदाचन ।
प्रजप्यत्वरितं वोजं गच्छलोकमनव्ययम् ॥१३॥
प्राप्नोसि मुररी शब्दात् कामधेनुमनव्ययम् ।
प्राप्स्यसि द्वादशपदं मुररीशब्दमात्रत: ॥१४॥
तव देहोऽजड़: पुत्र त्वं ज्योतिरीश्वर: शिव: ।
निर्गुण ईश्वर ज्योतिर्ममसर्व्वादिगुणोव्यय: ॥१५॥
यमुना पुलिन यत्रतत्रस्थाने तवस्थिति: ।
न क्षुधा न च तृष्णा च कदाचित्त्वयि बाधते ॥१६॥
द्वितीयदिवसस्यापि कथा मेता सुदुर्लभाम् ।
इति देव्या वच: श्रुत्वा सत्त्वरं प्रययौ प्रभु: ॥१७॥
गोलोकं प्राप्य श्रीकृष्ण: सर्व्वसम्पदमाप्नुयात् ।
ब्रह्मणो दिवसस्यान्ते द्वितीयदिवसस्य च ॥१८॥
श्रीसुभगोवाच ।
पृच्छाम्येकं महाभाग योगीन्द्र शिवनन्दन ।
यदुक्त्वा नारदऋषिस्तत्र भागवत: पर: ॥१९॥
नन्द: पञ्चविध: कृष्ण राधापञ्चविधा तथा ।
यशोदा पञ्चमी मित्या रोहिणी पञ्चमो तत: ॥२०॥
इति मे संशयो देव कुरुसन्देह भञ्जन: ।
श्रीगणेश उवाच ।
कृष्ण पञ्चविधो नन्द: सत्यं सत्यं न संशय: ॥२१॥
तृतीयदिवसस्यापि ब्रह्मण: परमेश्वरि ।
अनन्तगुणसंयुक्तं गोलोकवीजमव्ययम् ॥२२॥
गोलोकवीजमंस्पर्शात् कृष्णाद्या: पञ्चधा मता:
पञ्चाशन्मातृका वर्णा इत्यक्त्वा विन्दुमक्ष
श्रीगणेश उवाच
सद्योजातमुखे काम वीजमे
कालिकेति पटं विप्र पुत्र